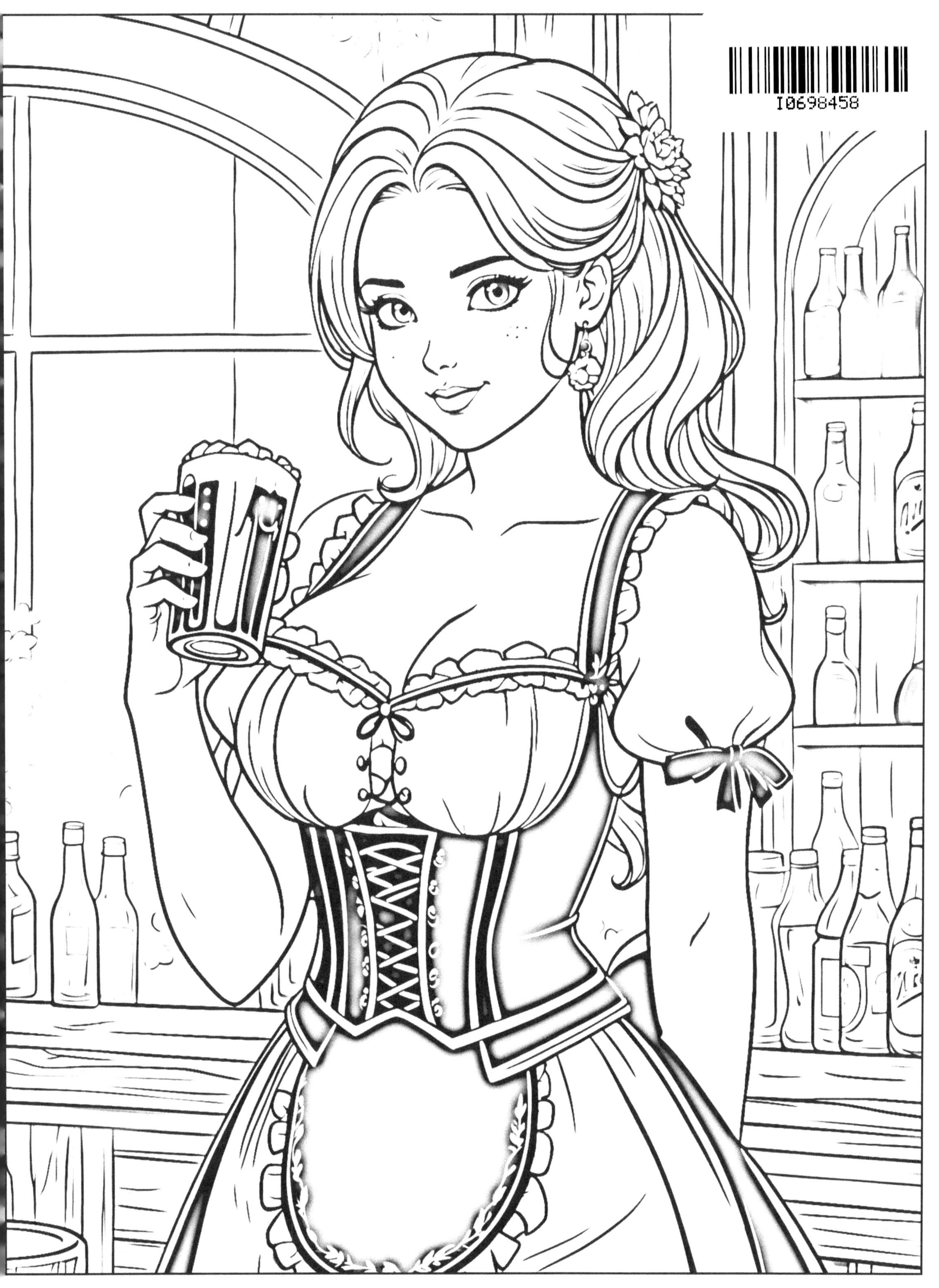
I0698458

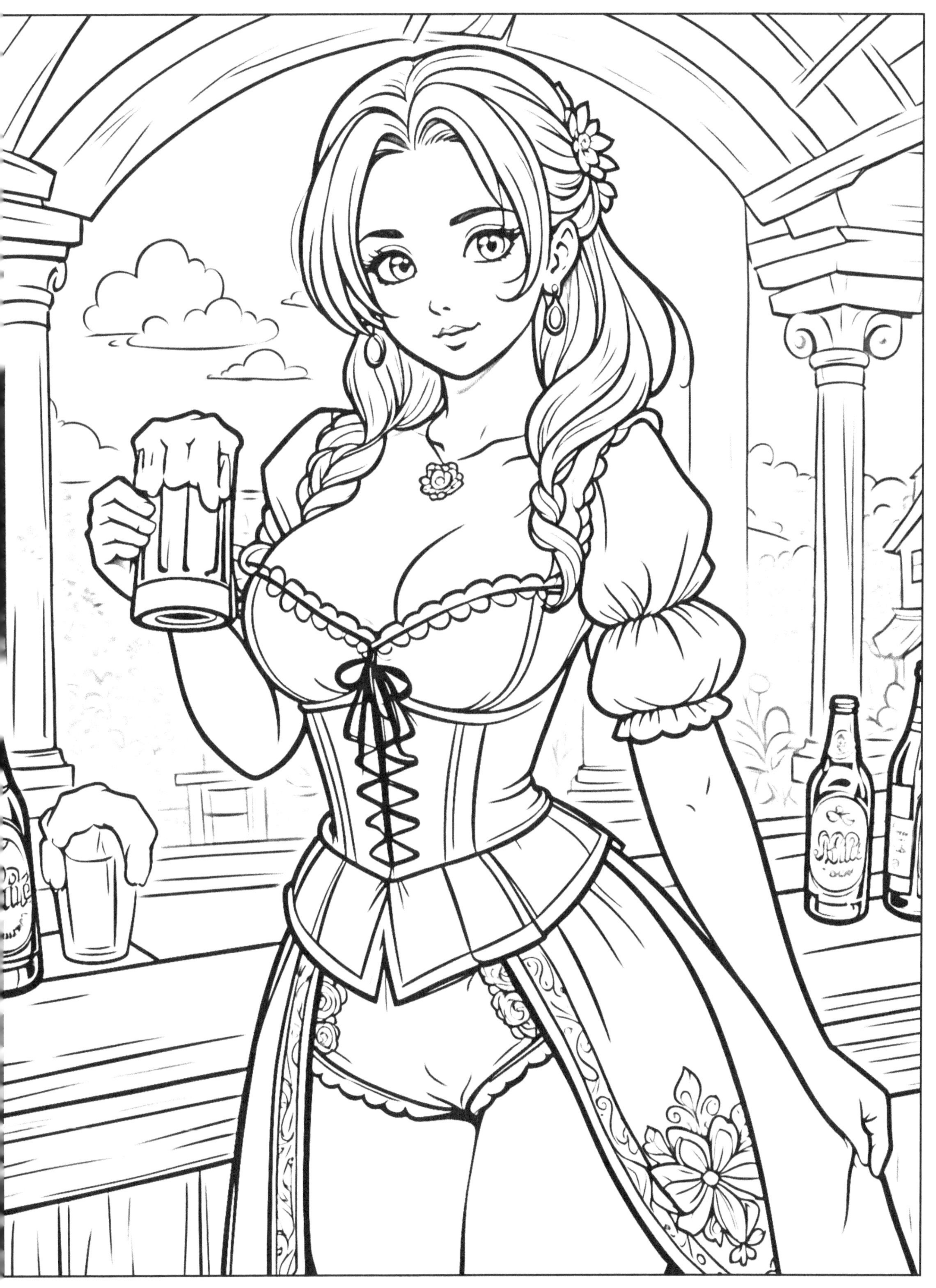

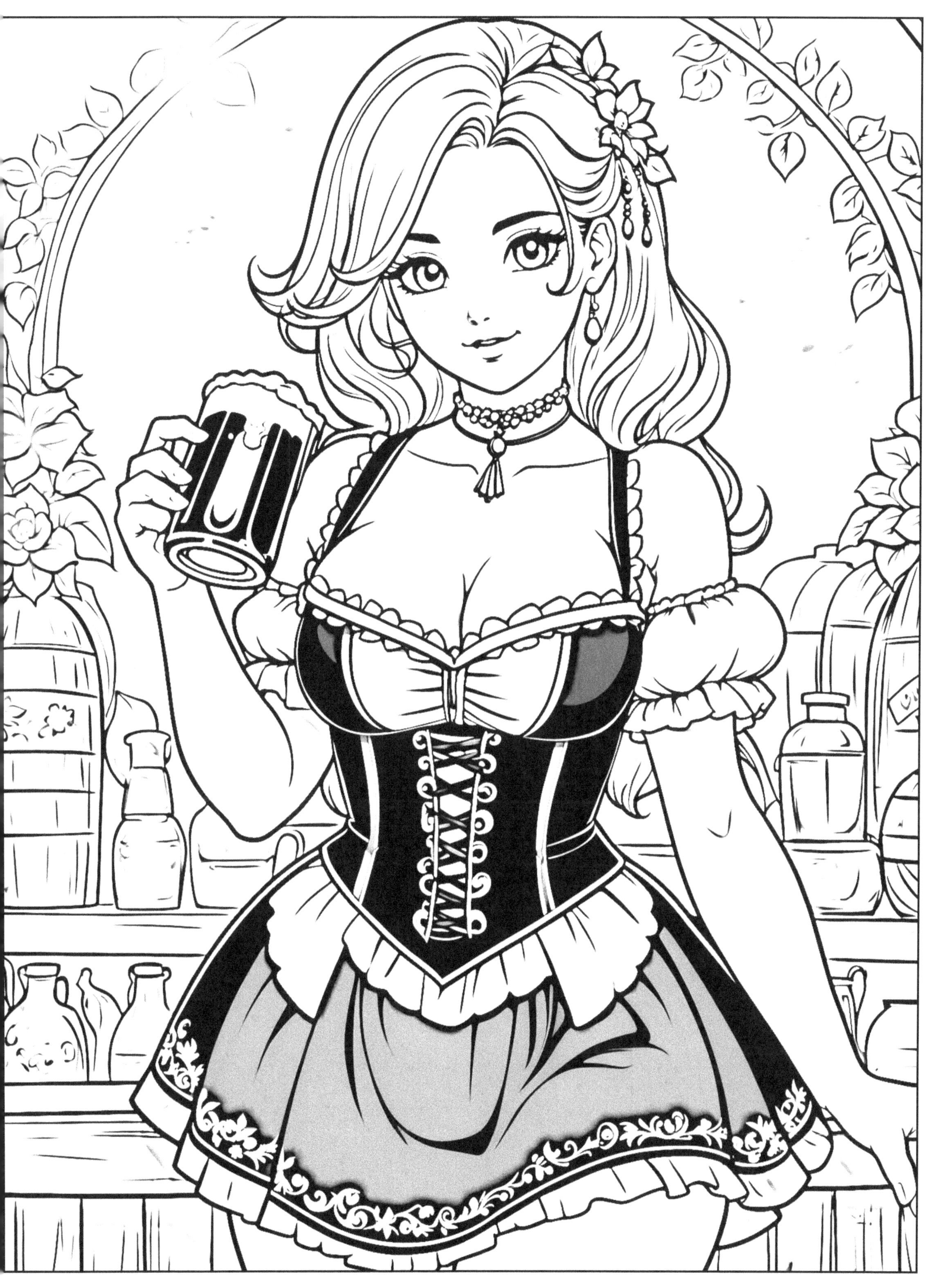

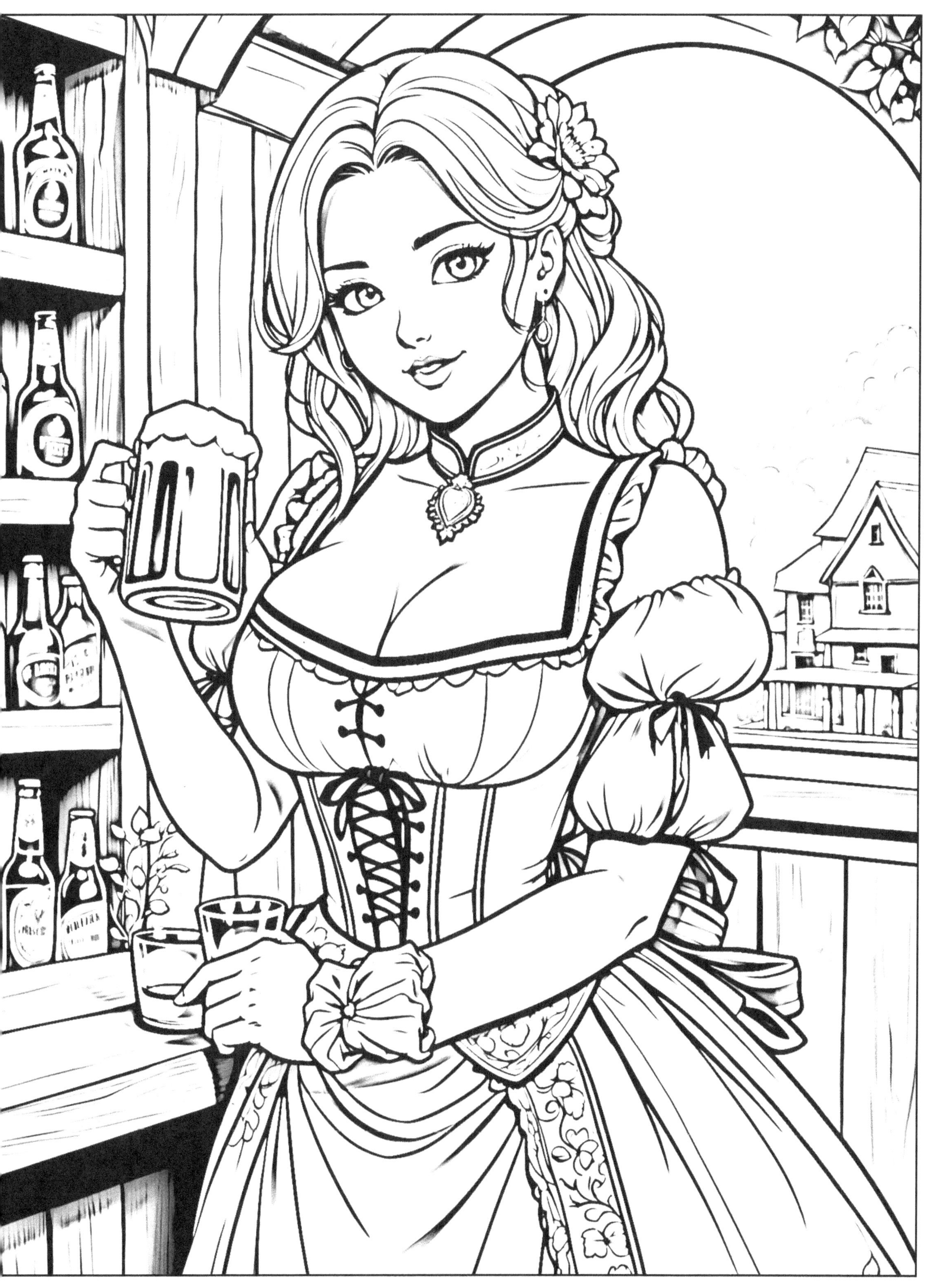

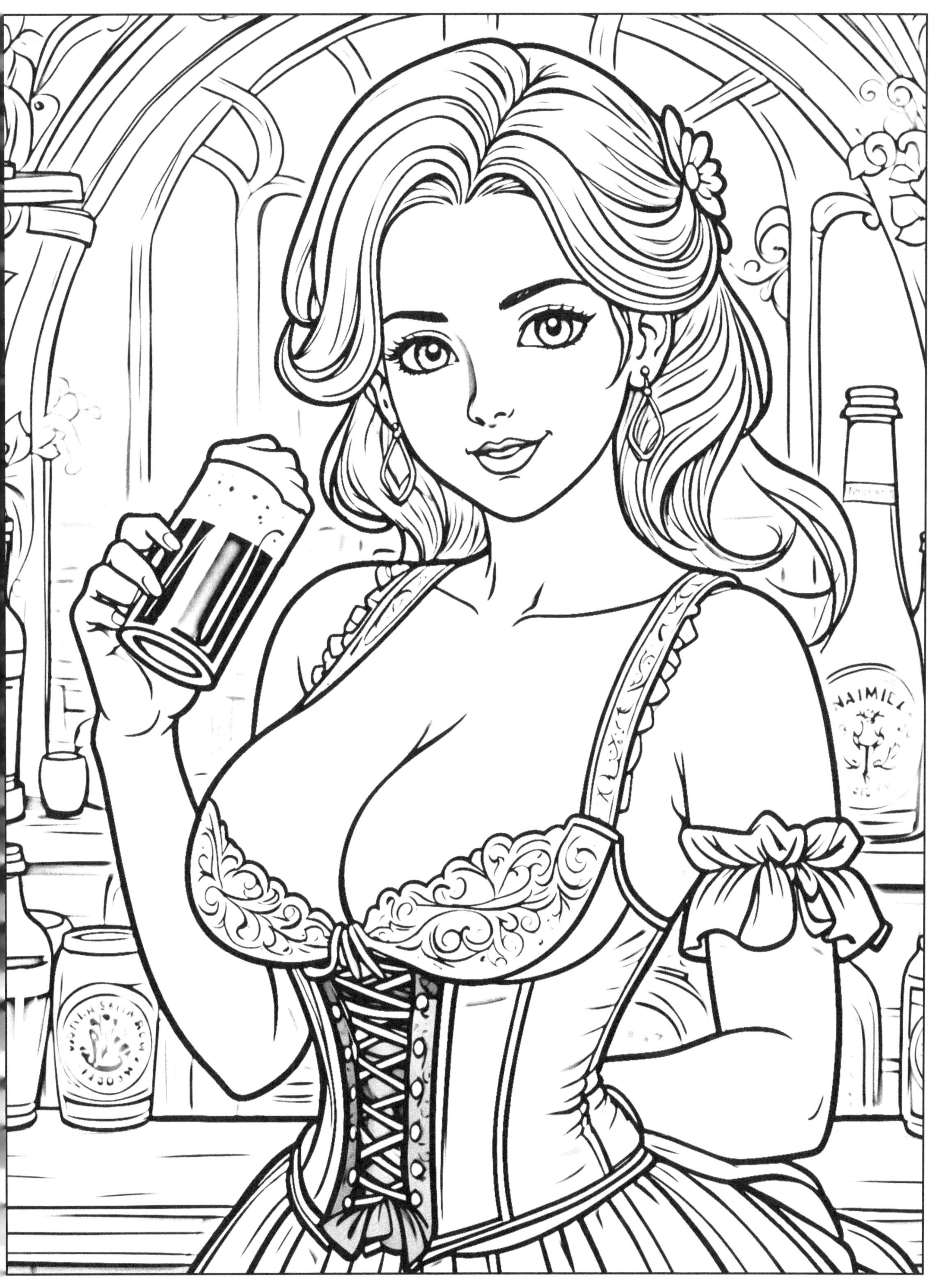

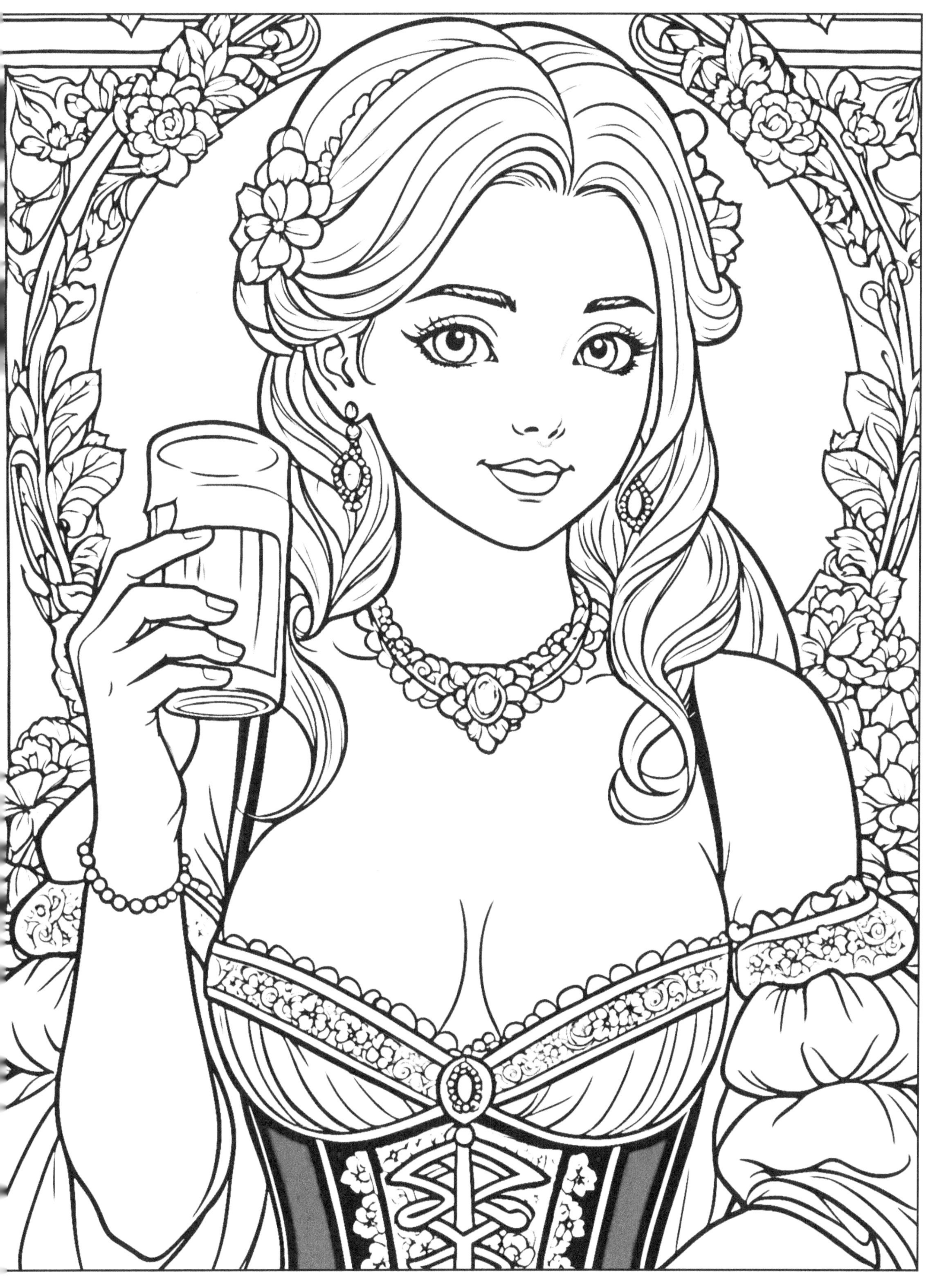

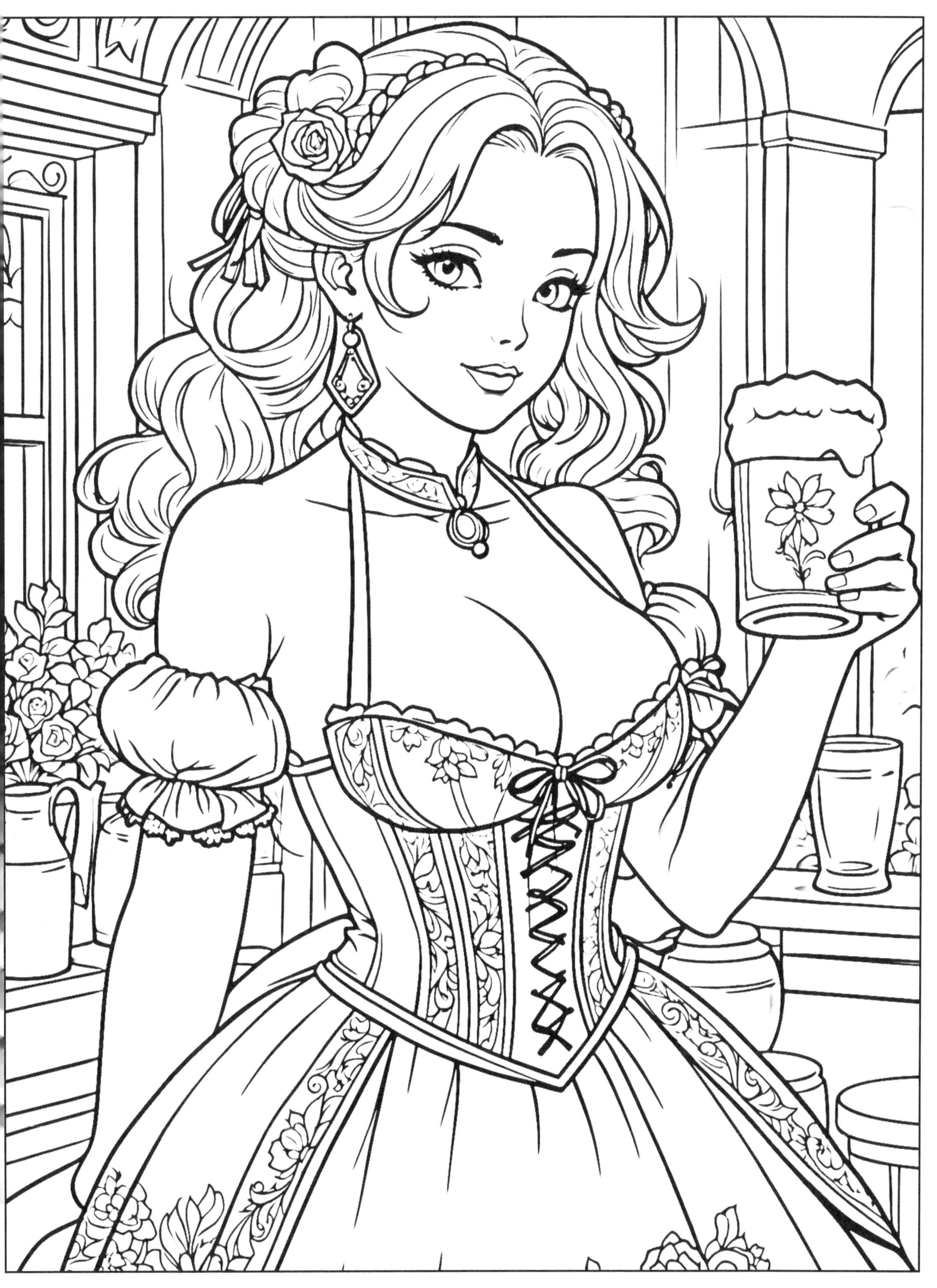

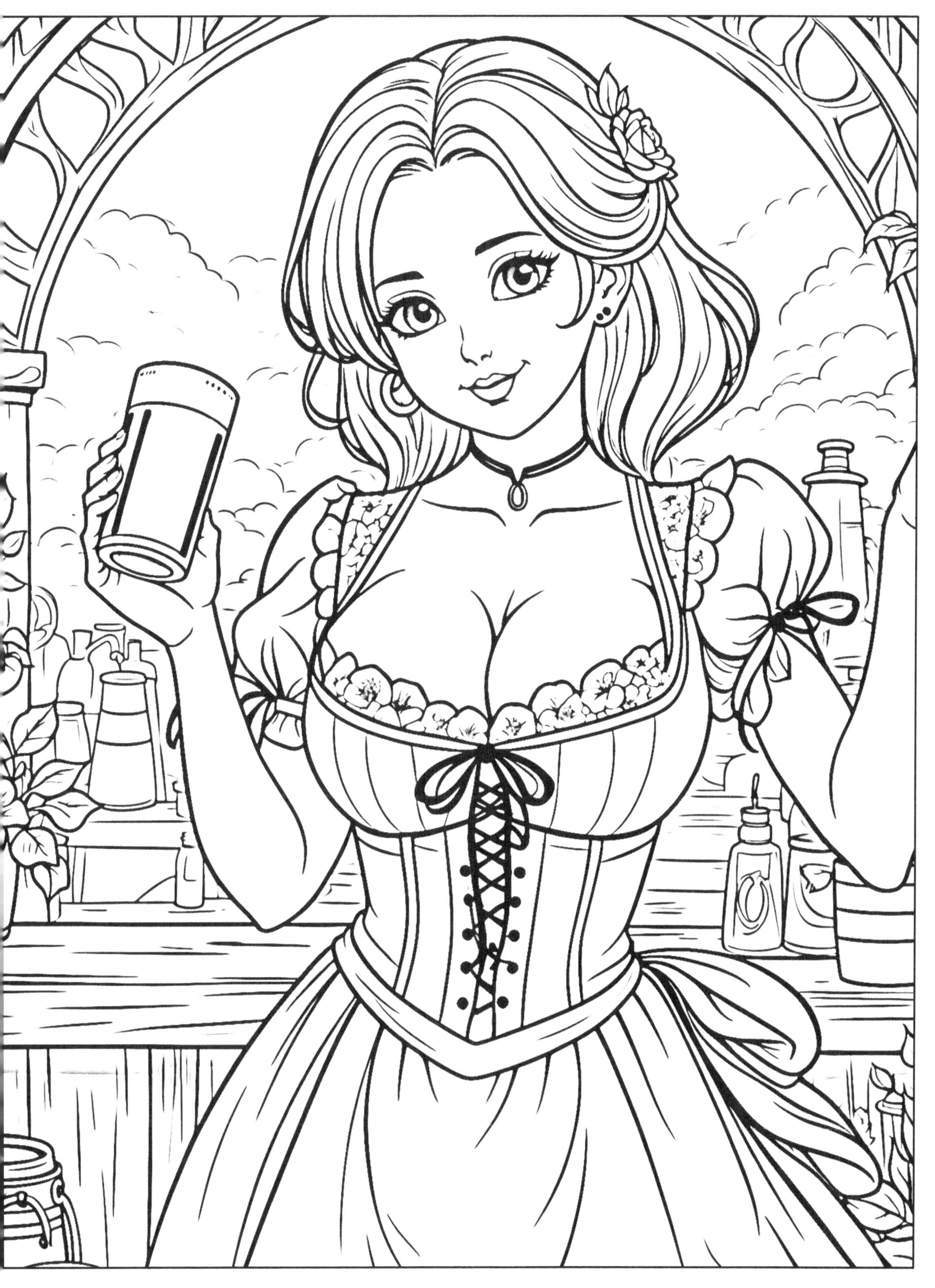

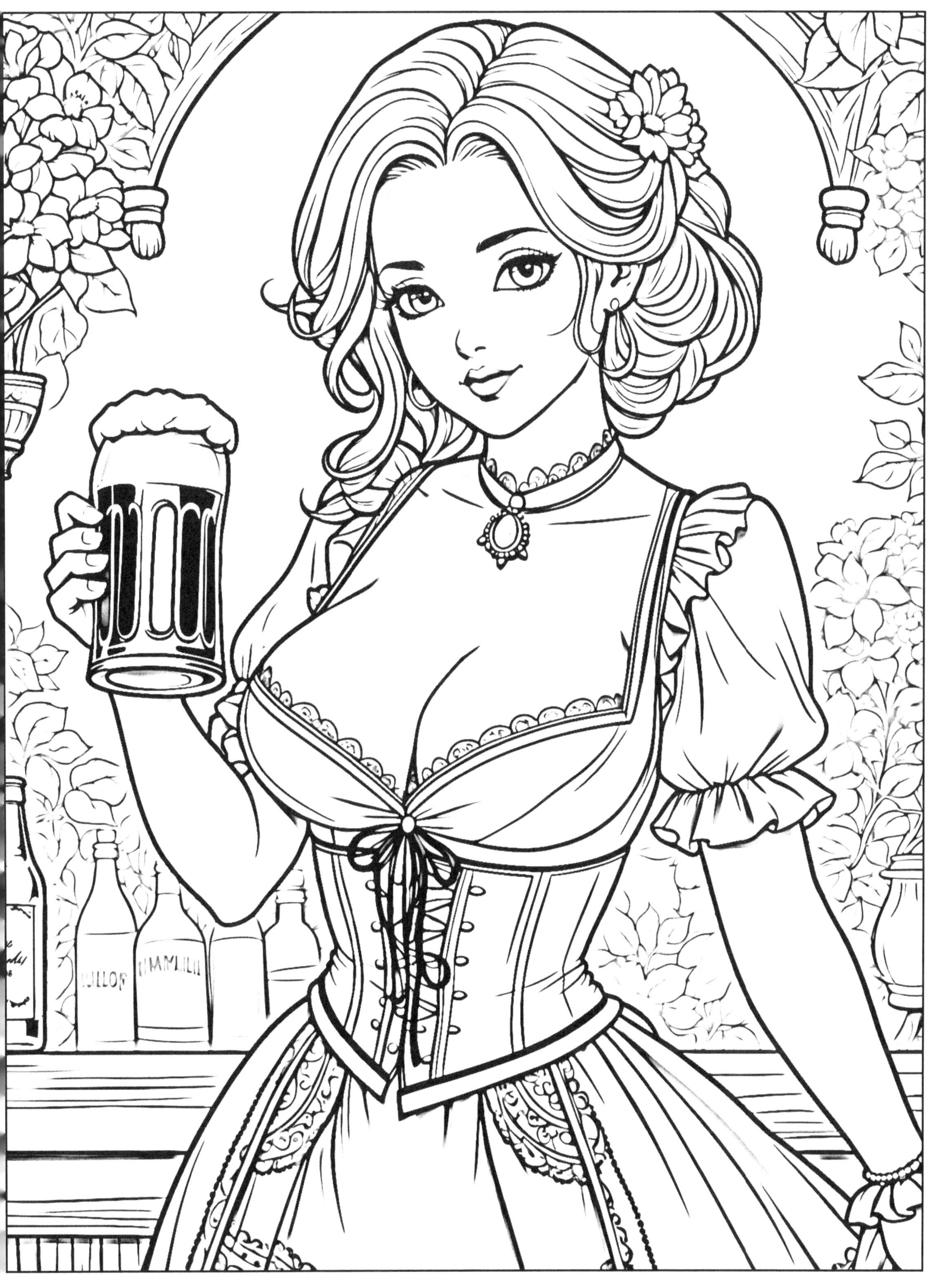

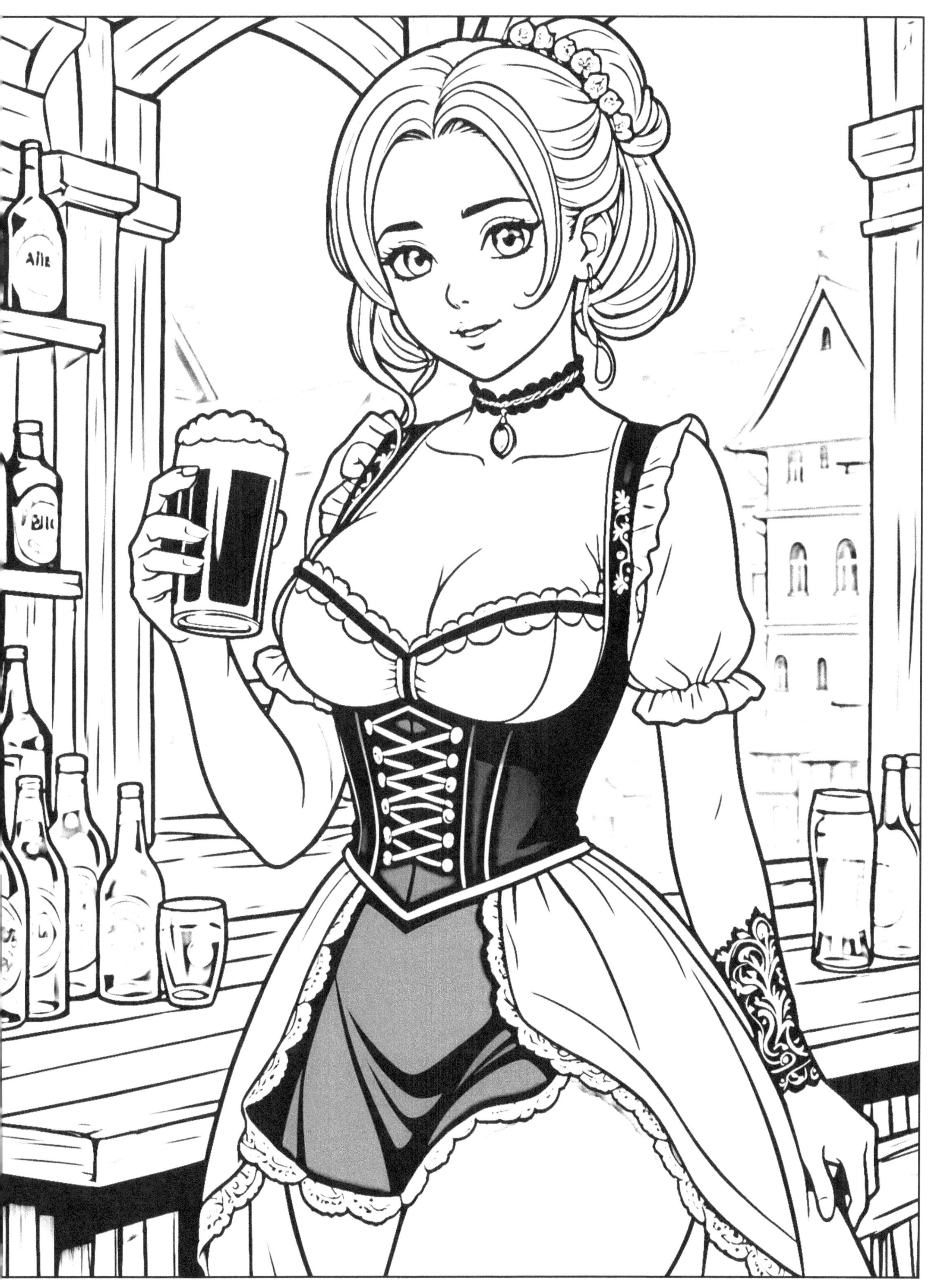

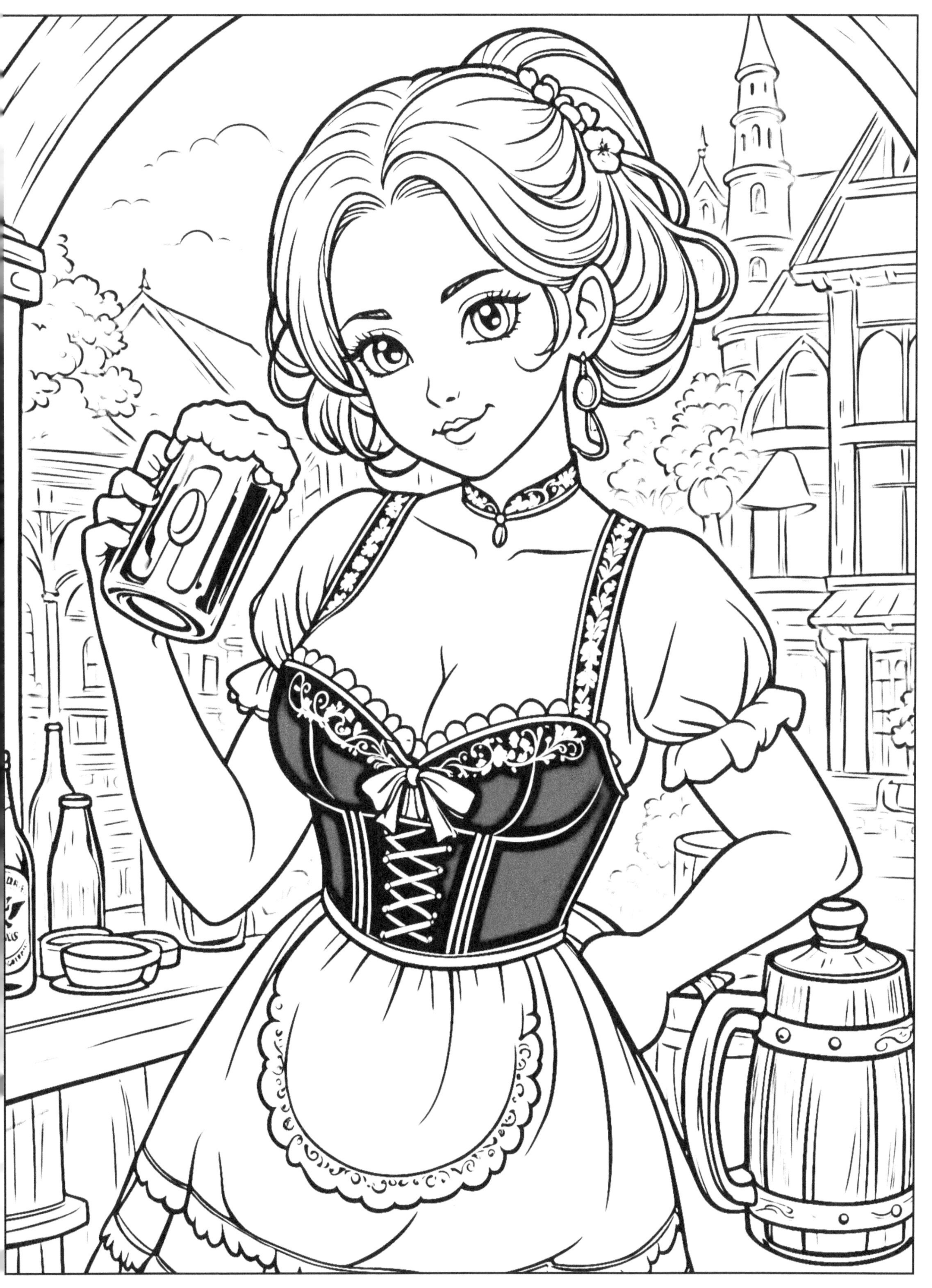

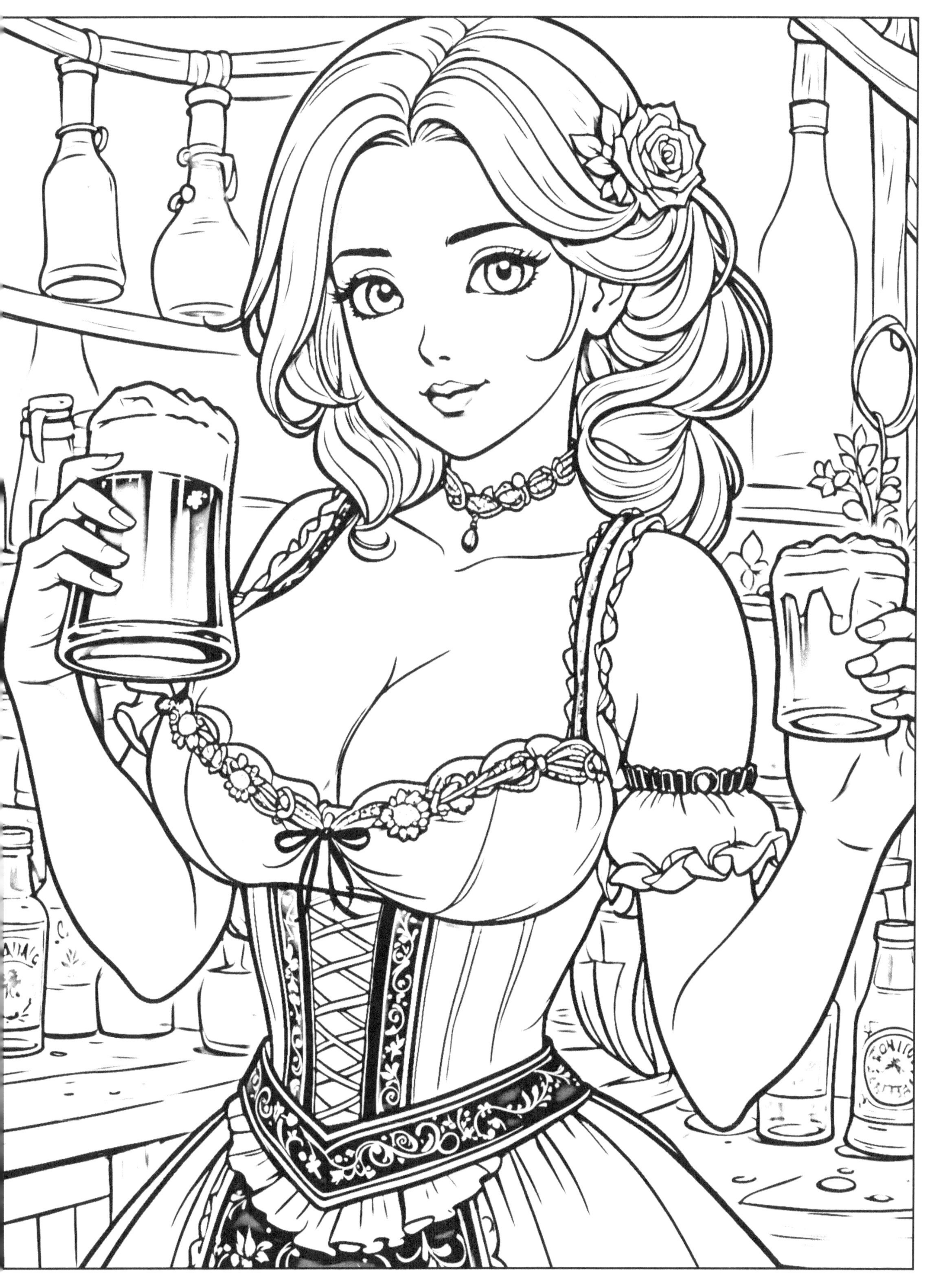

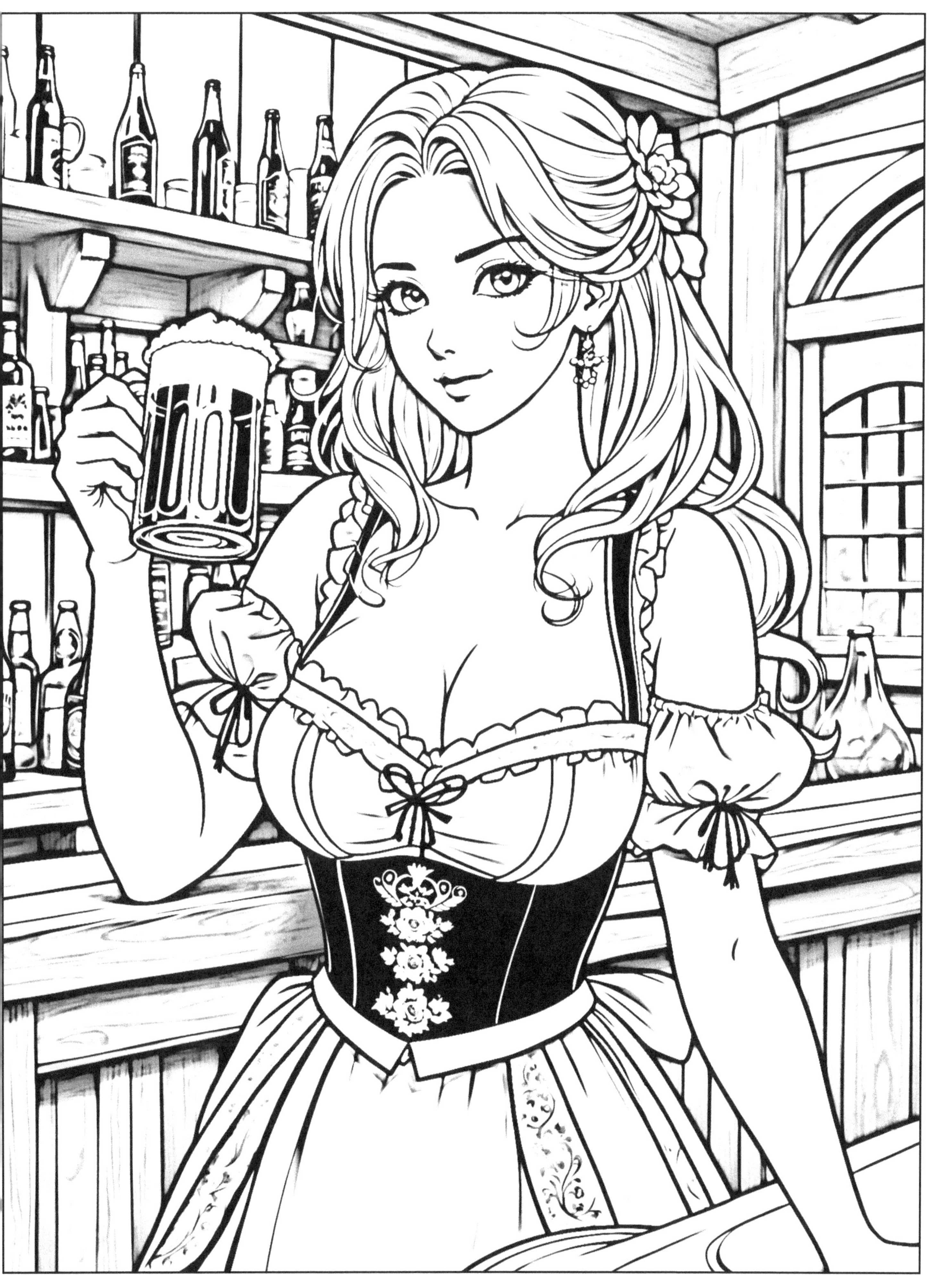

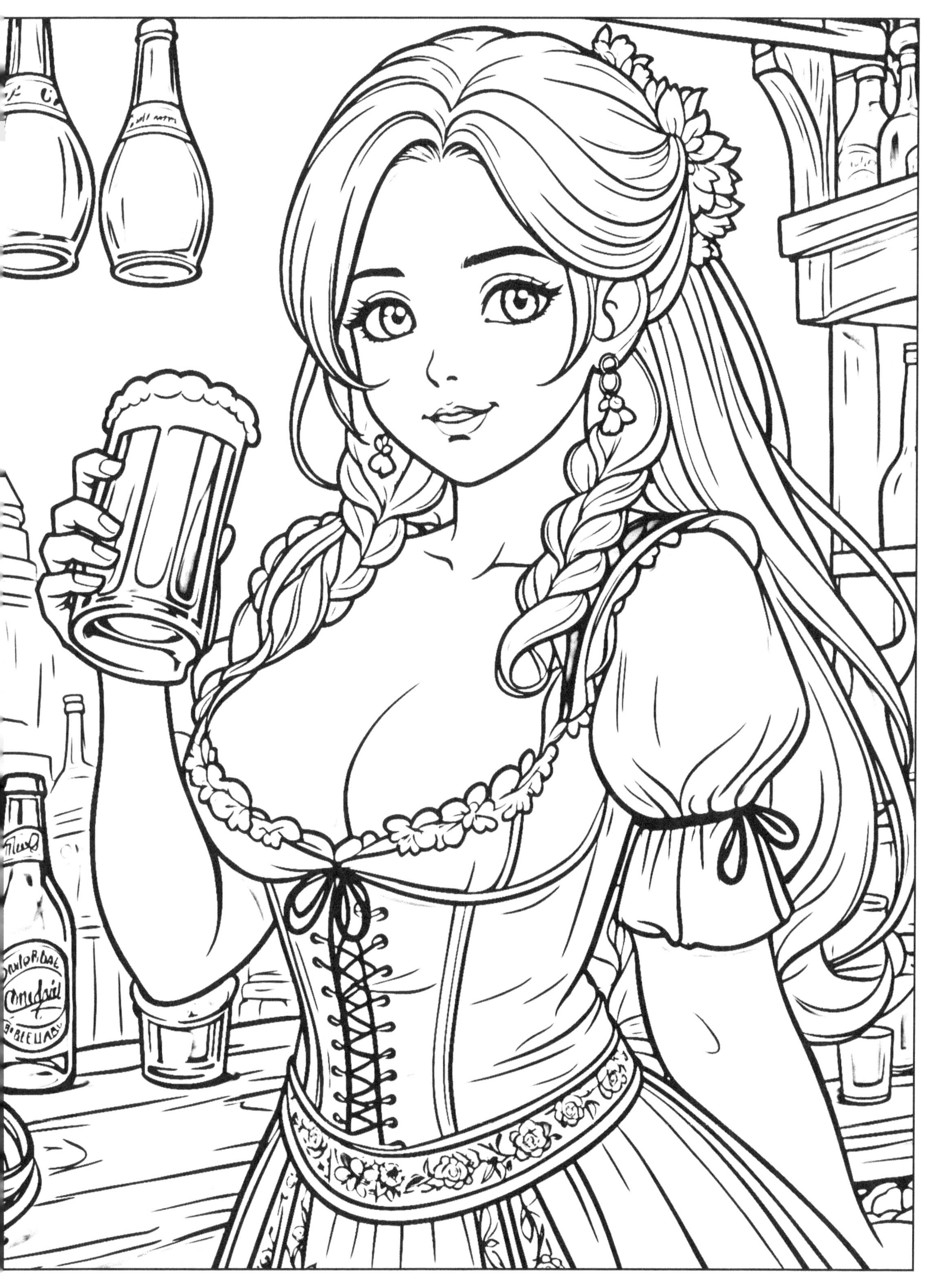

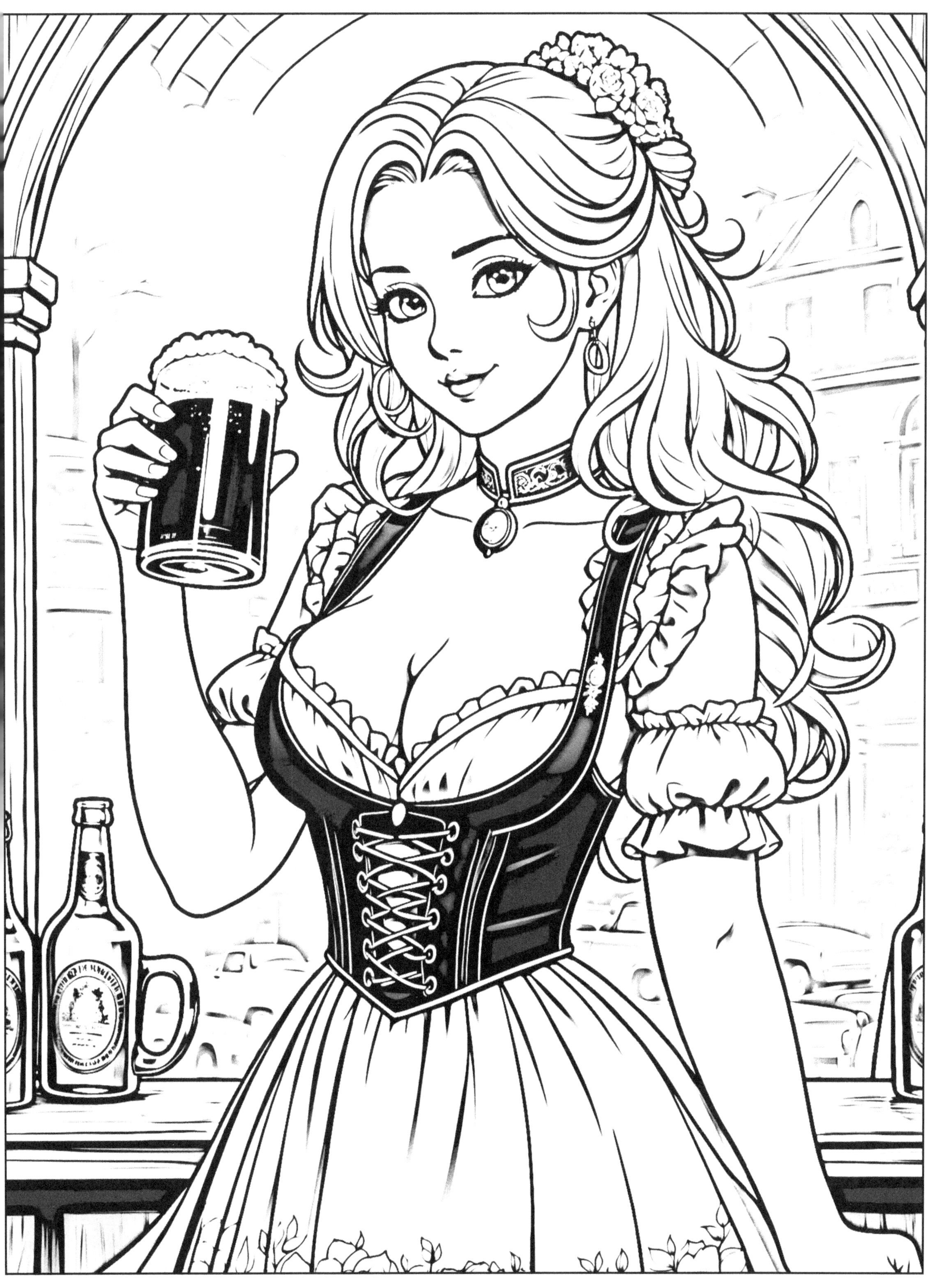

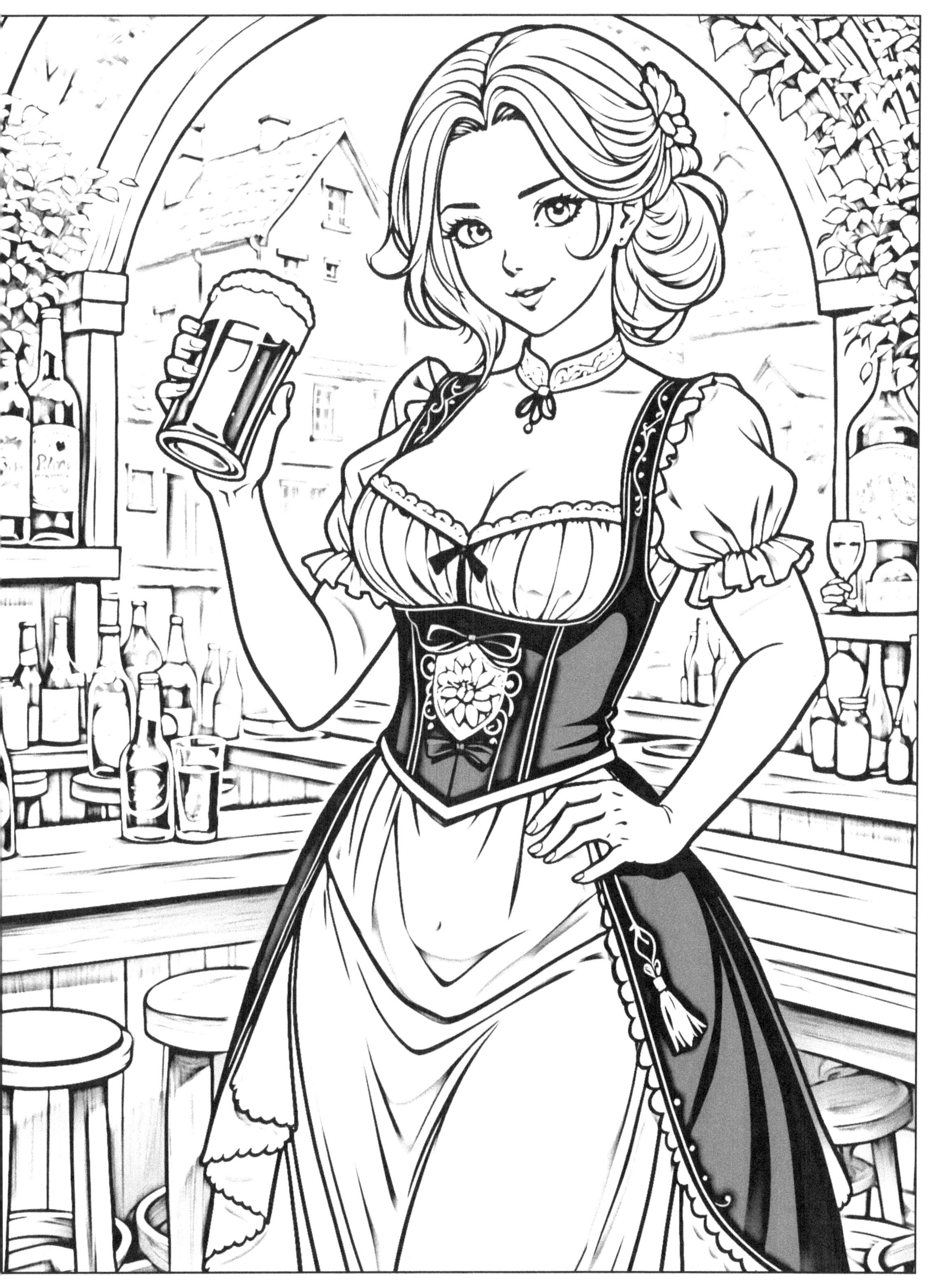

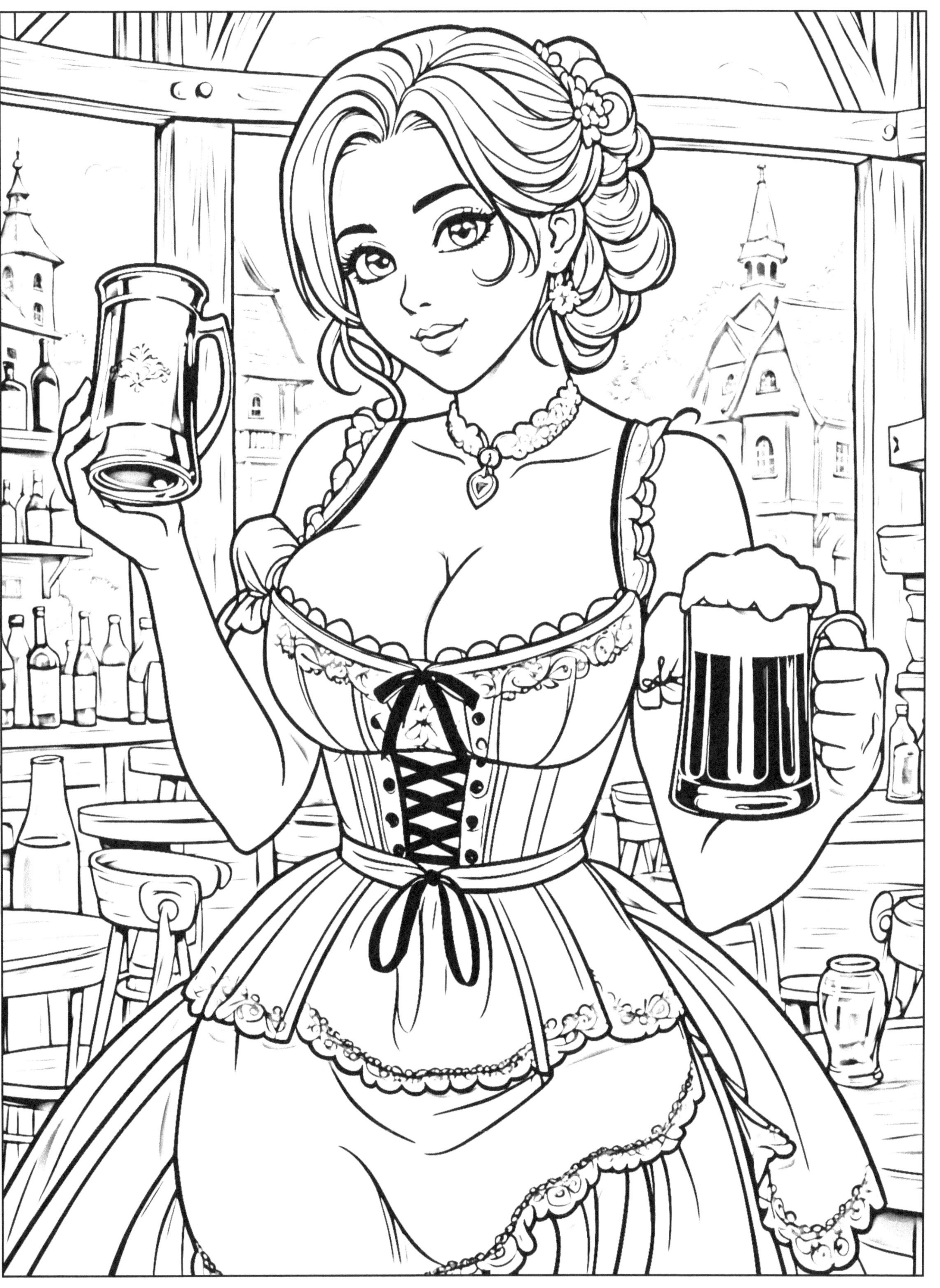

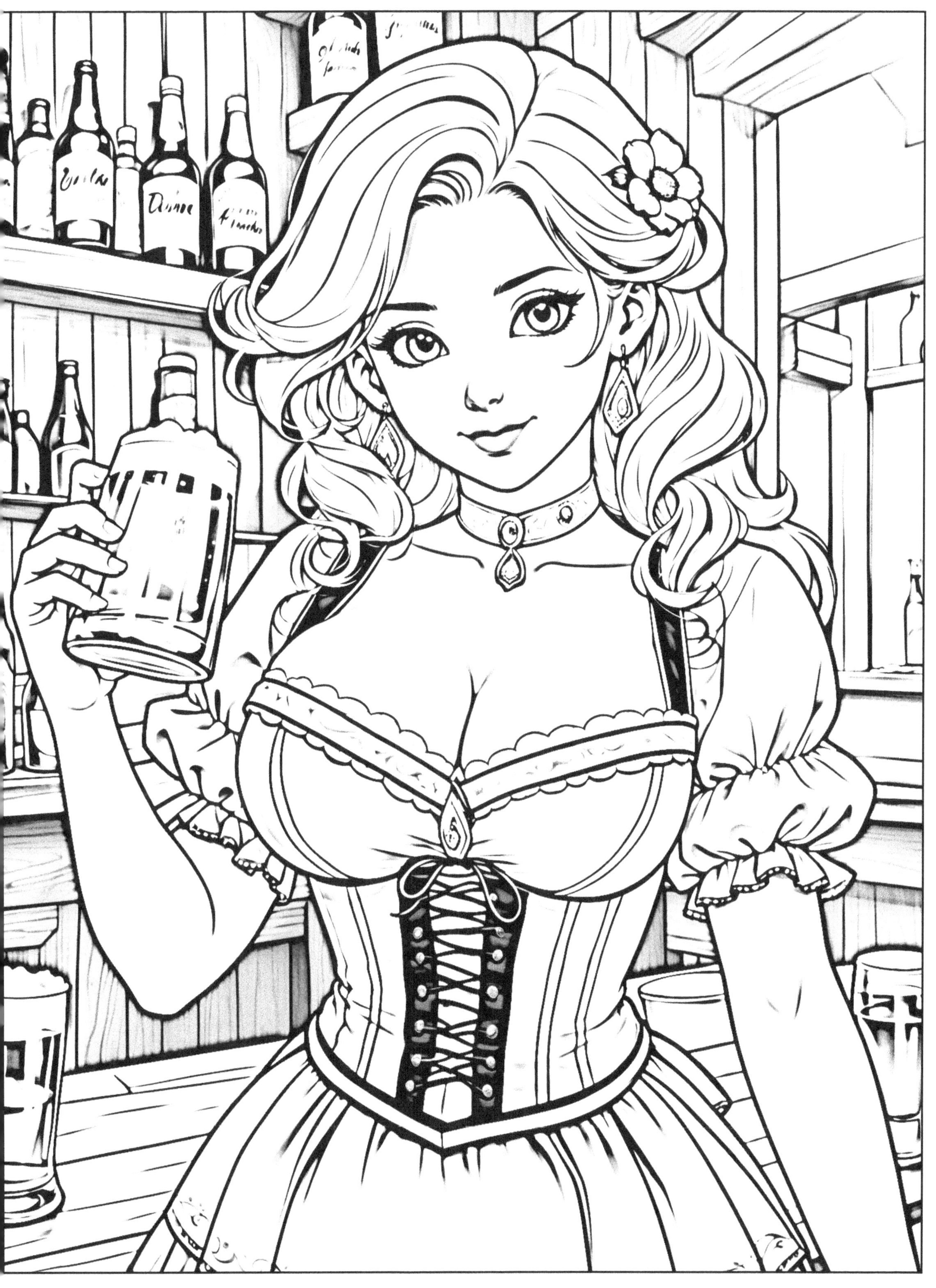

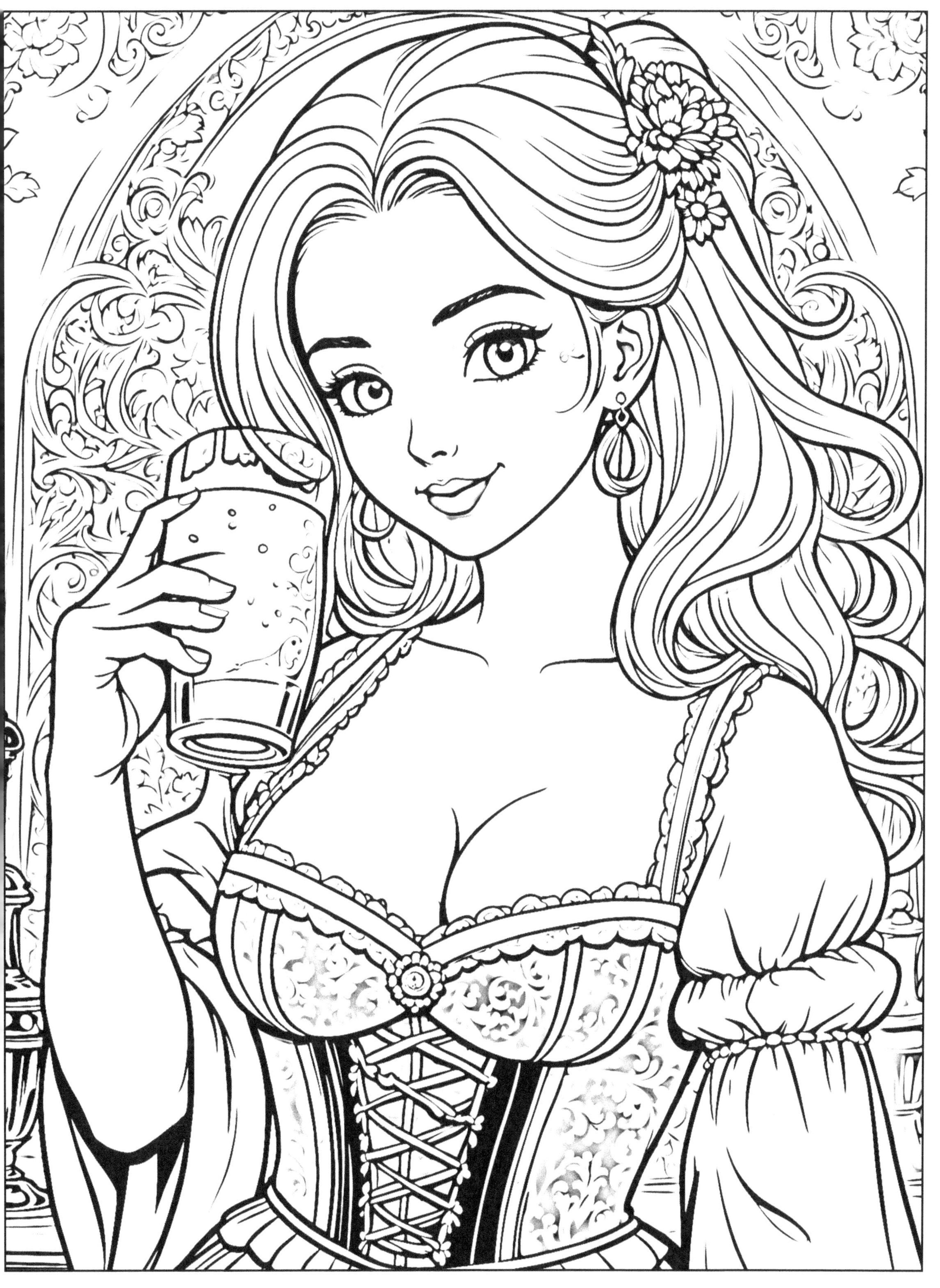

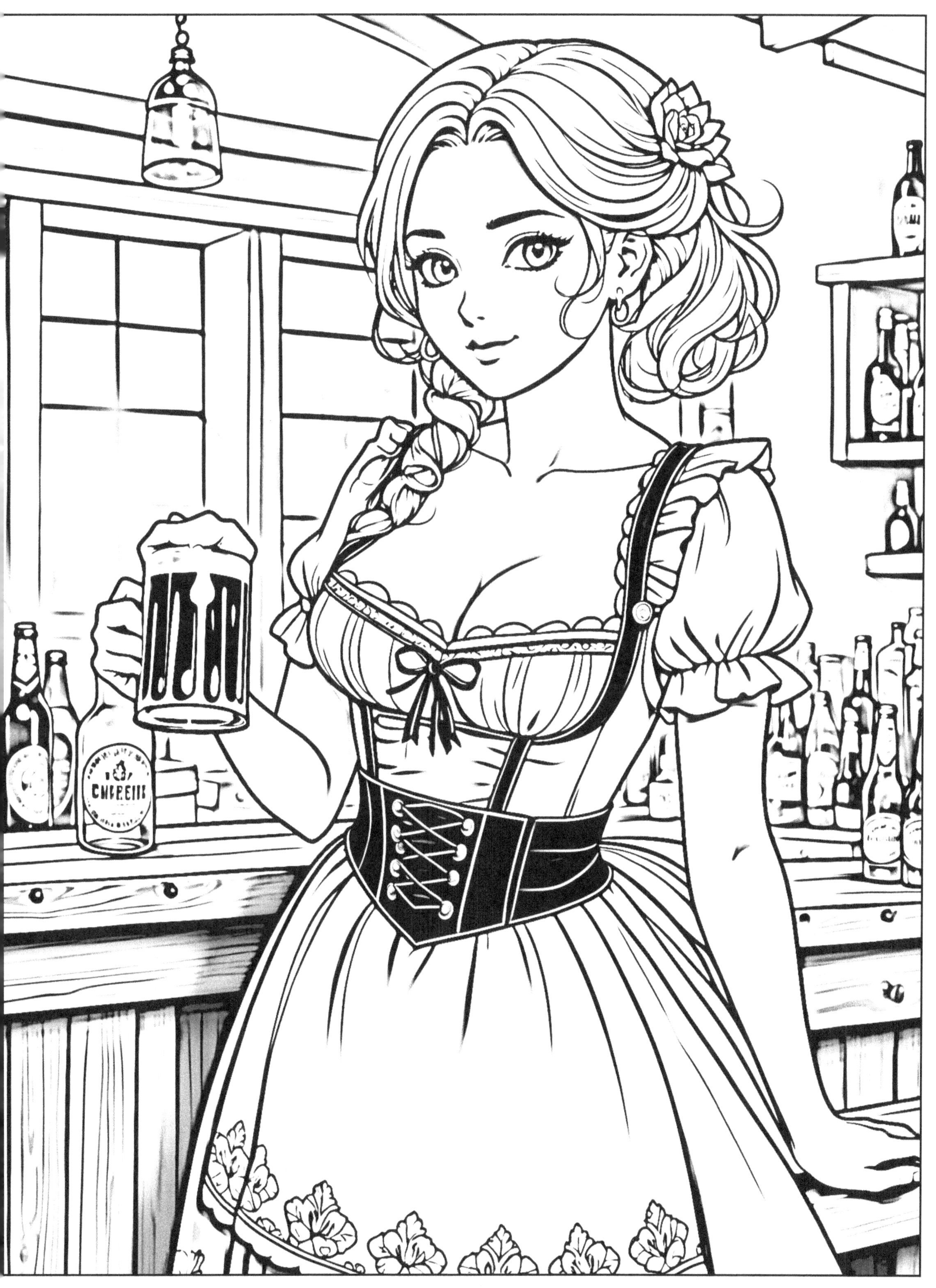

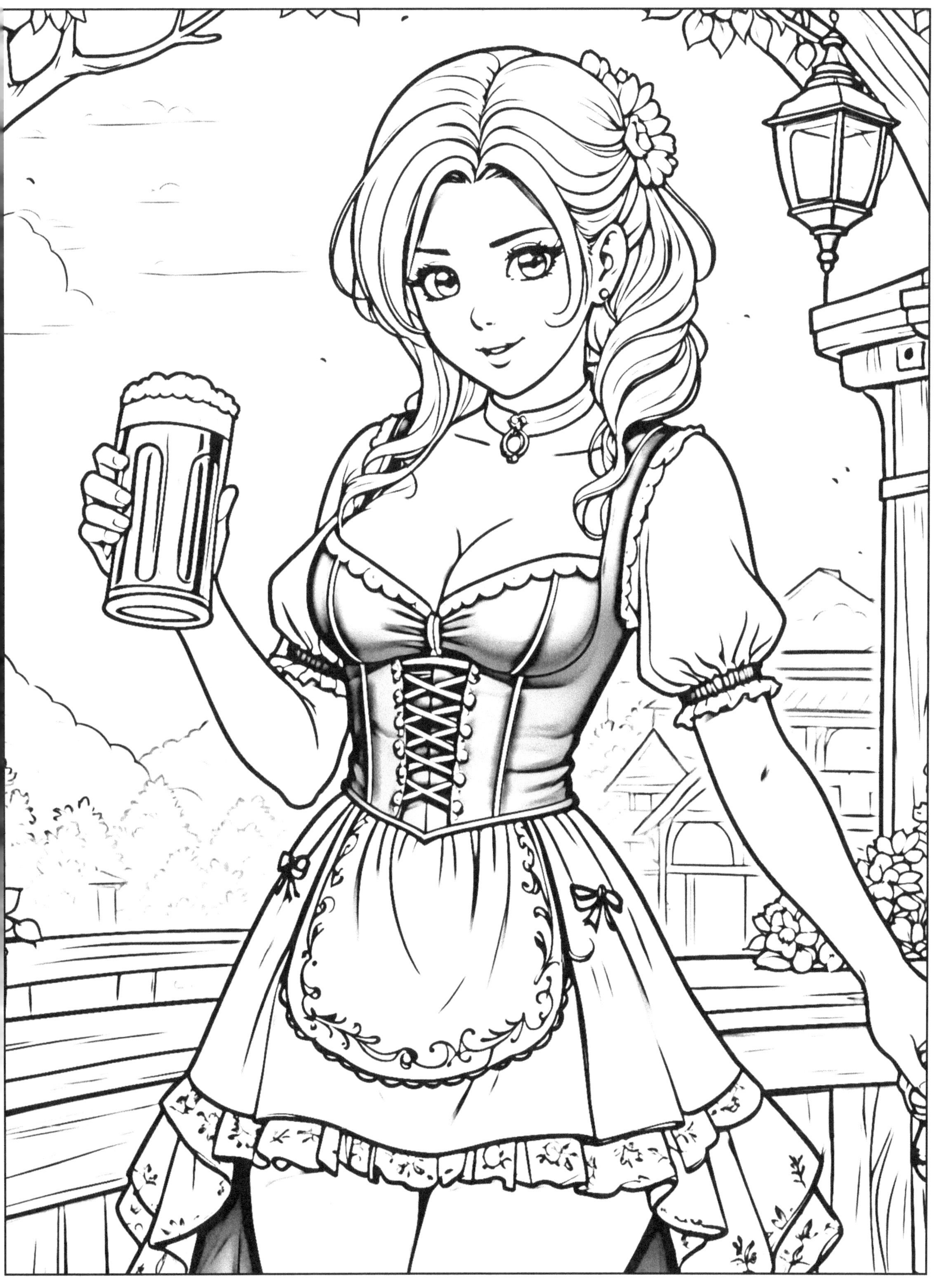

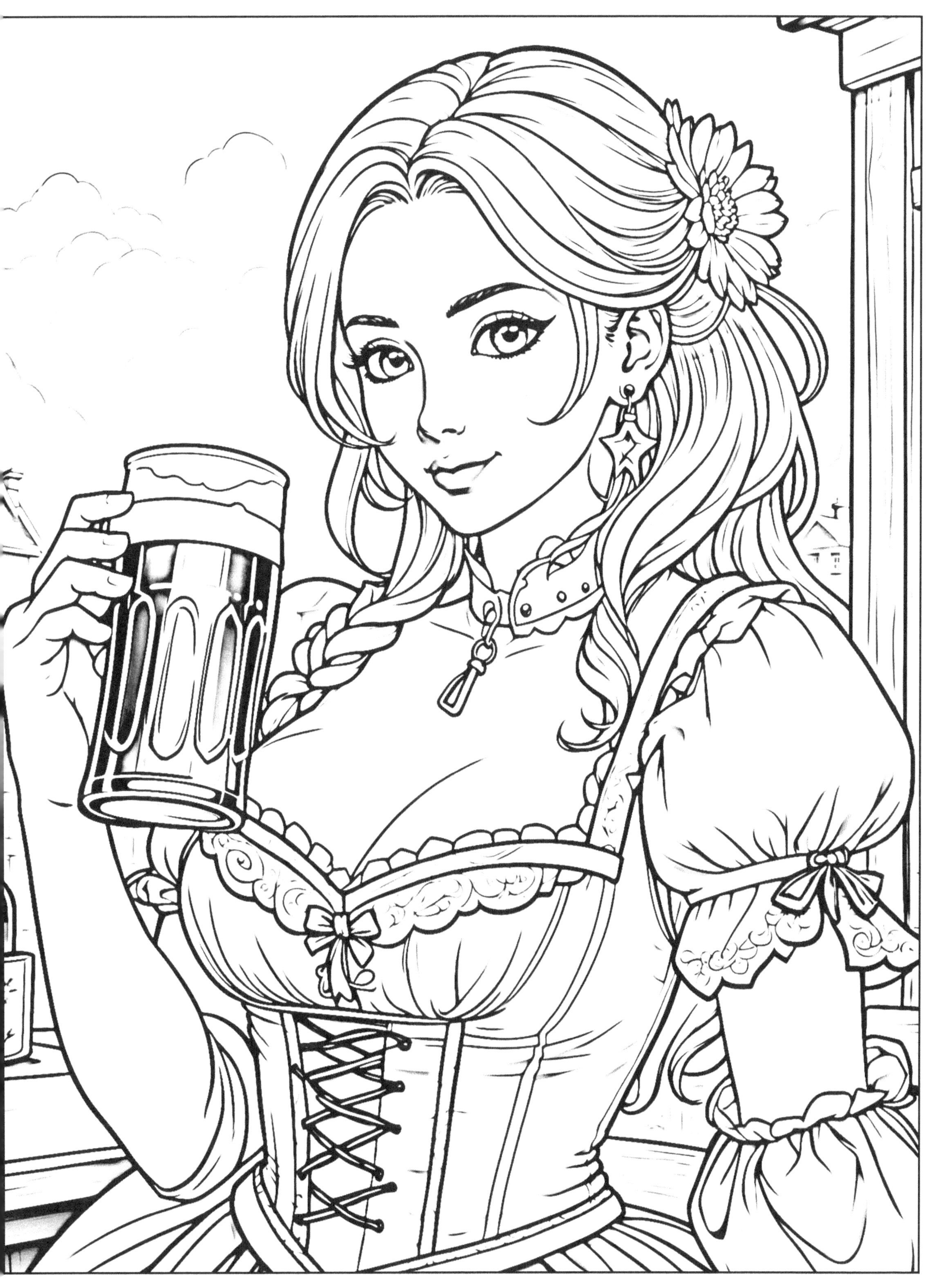

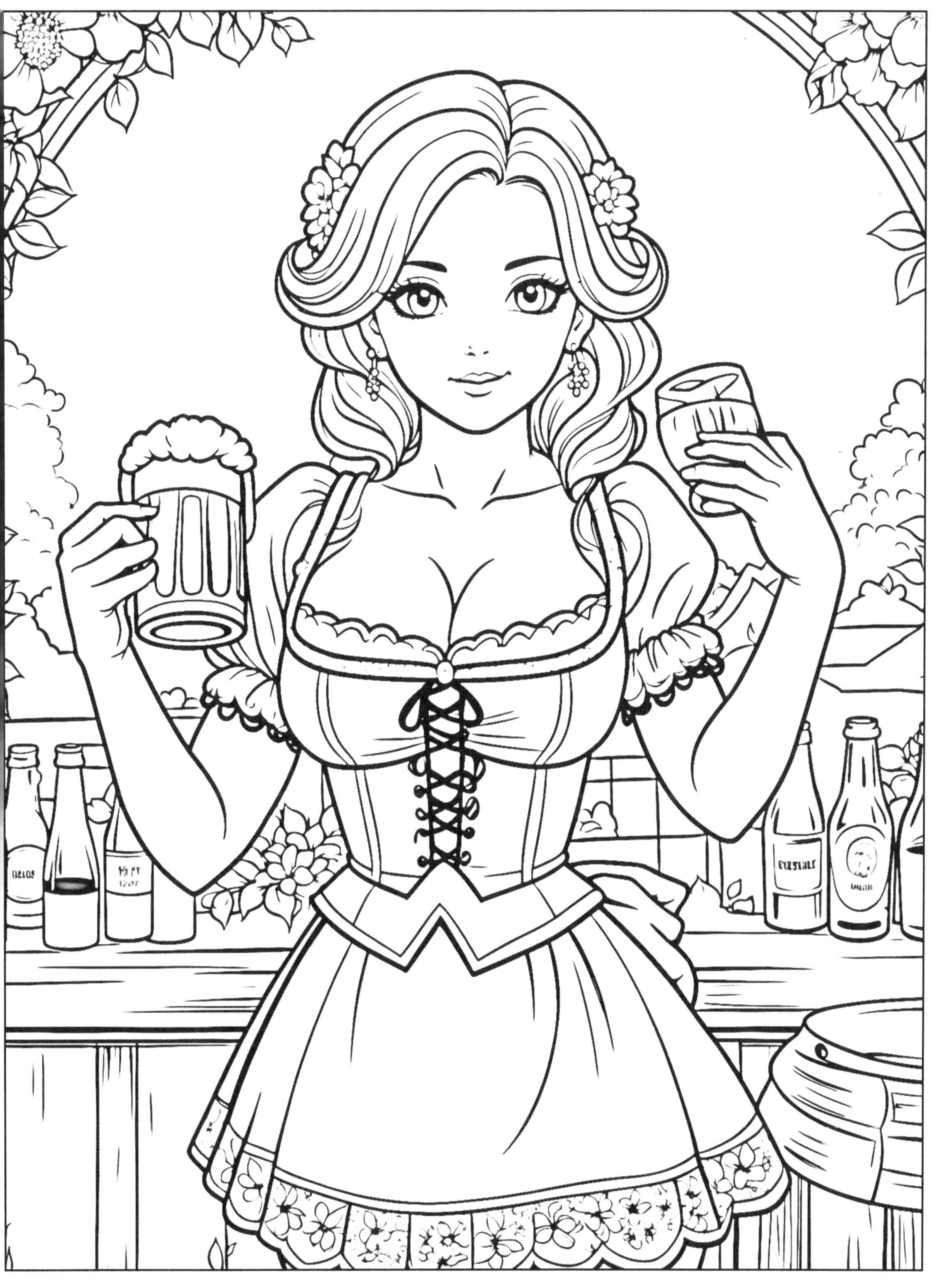

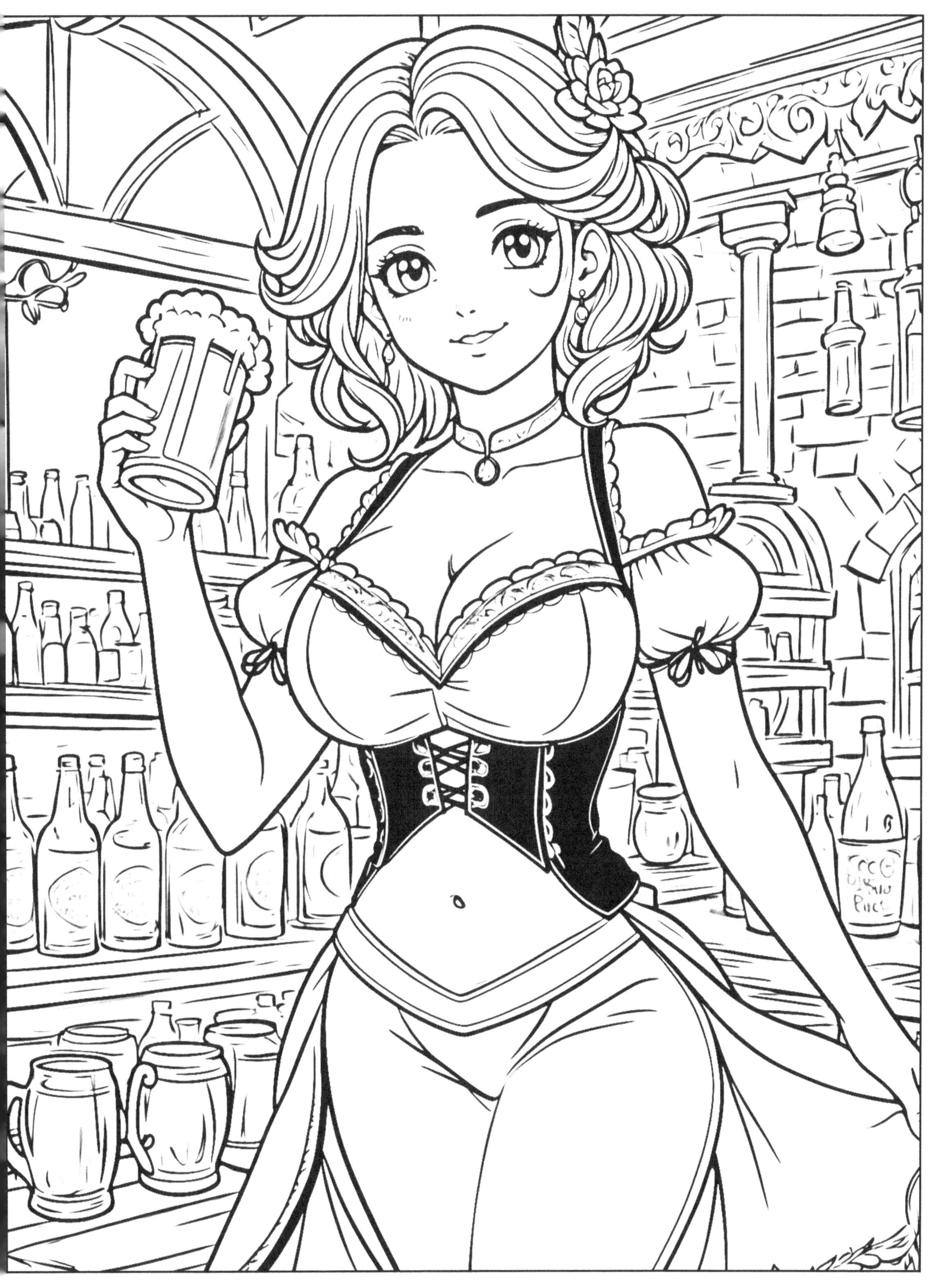

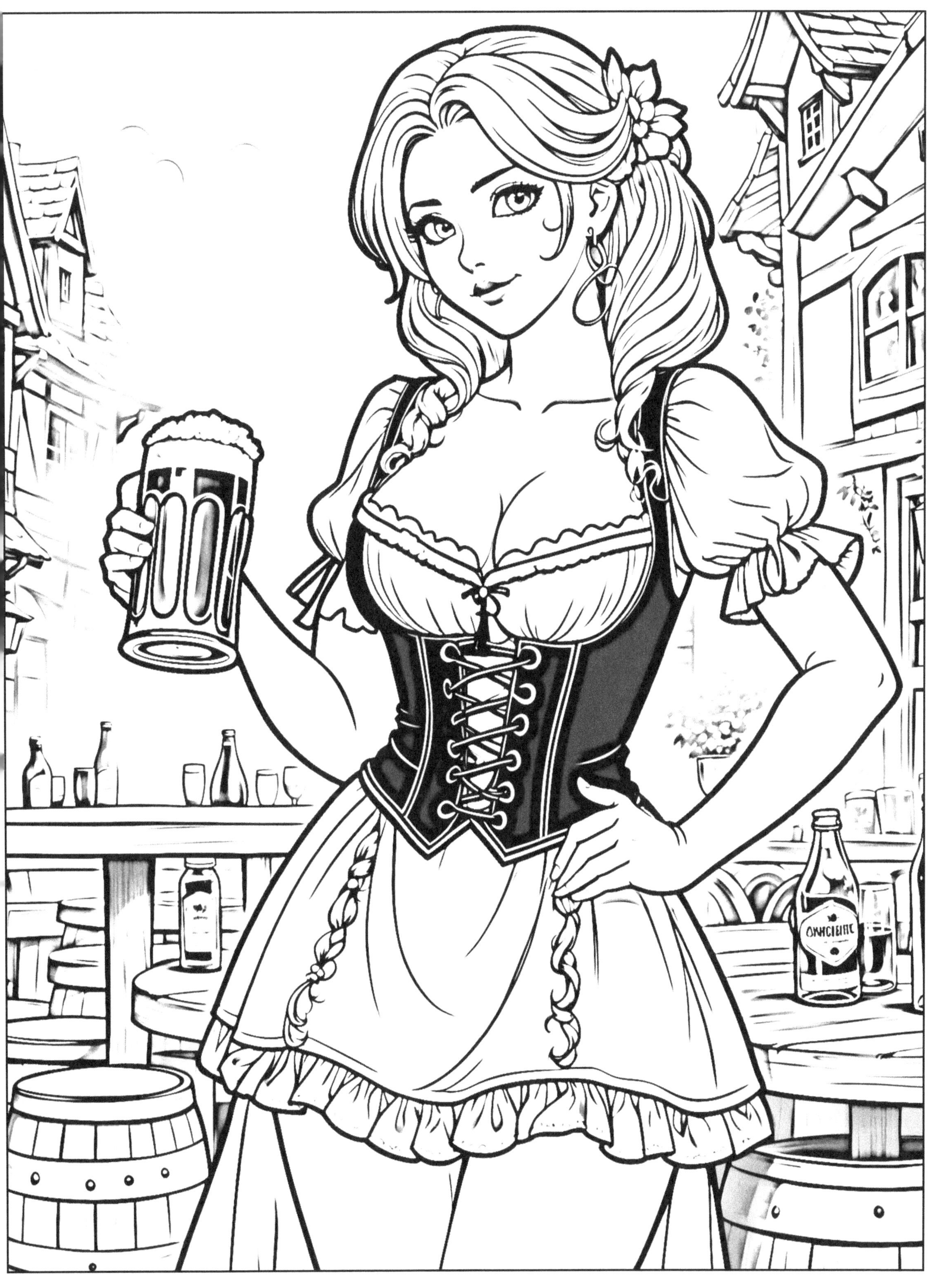

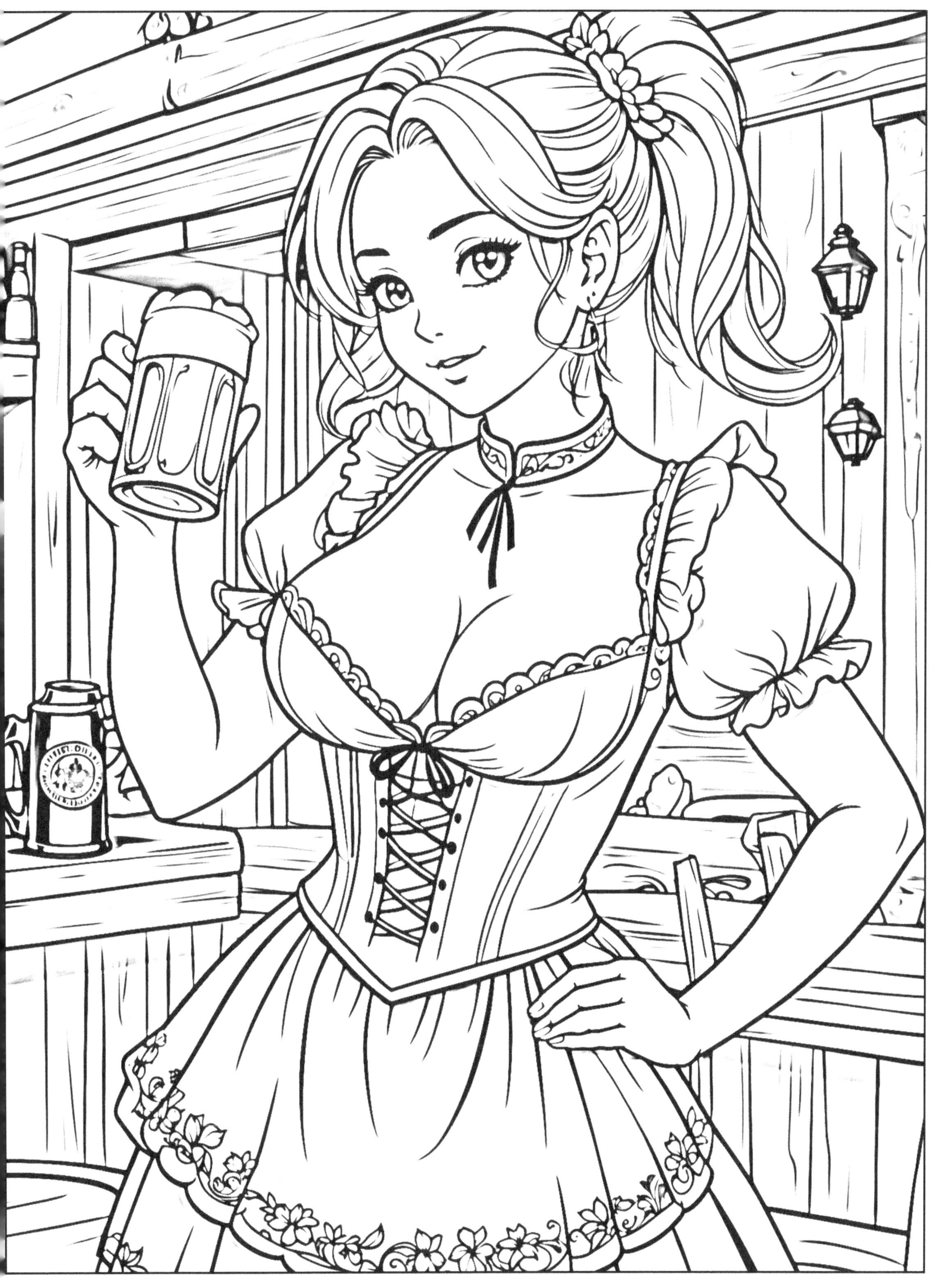

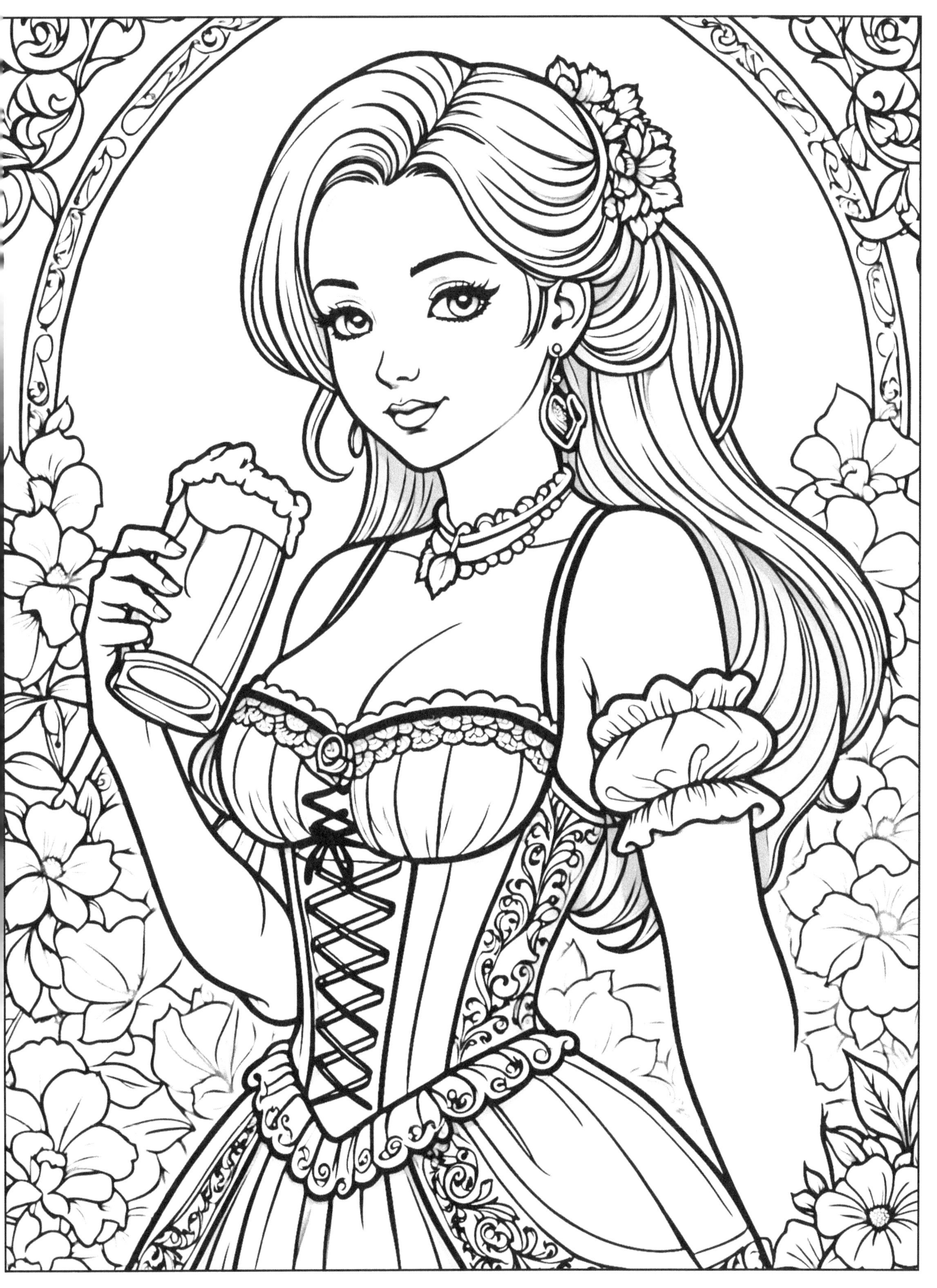

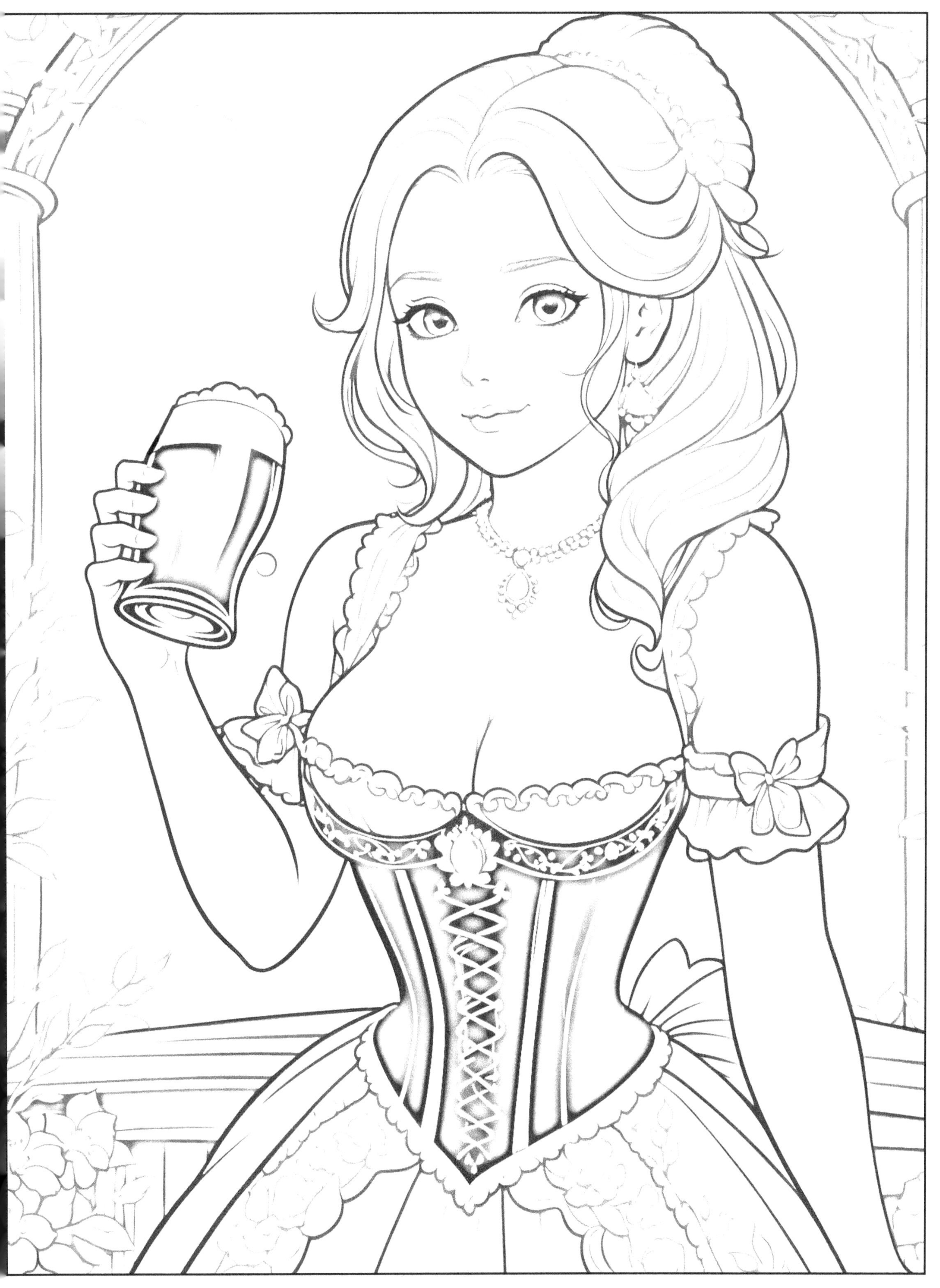

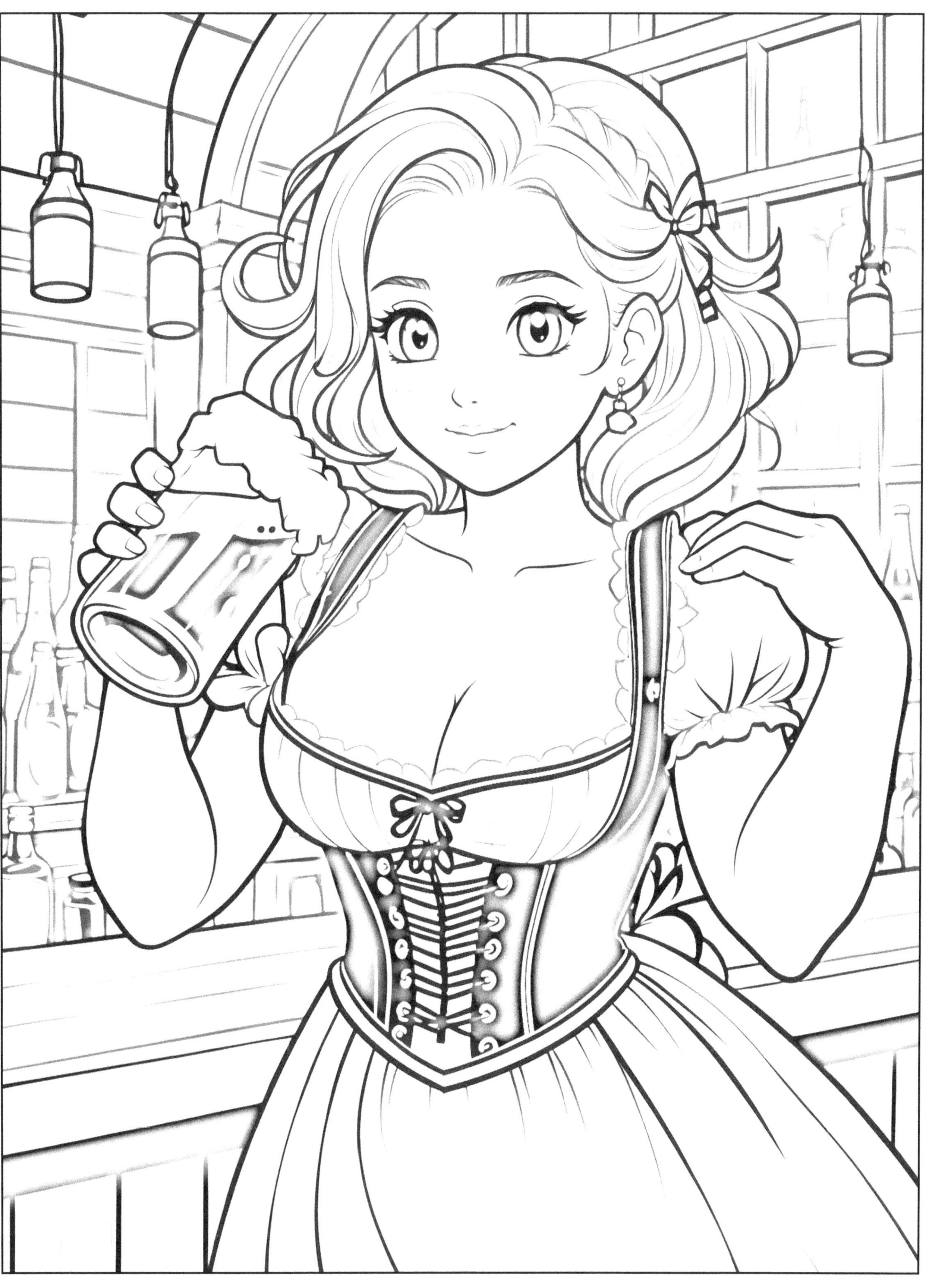

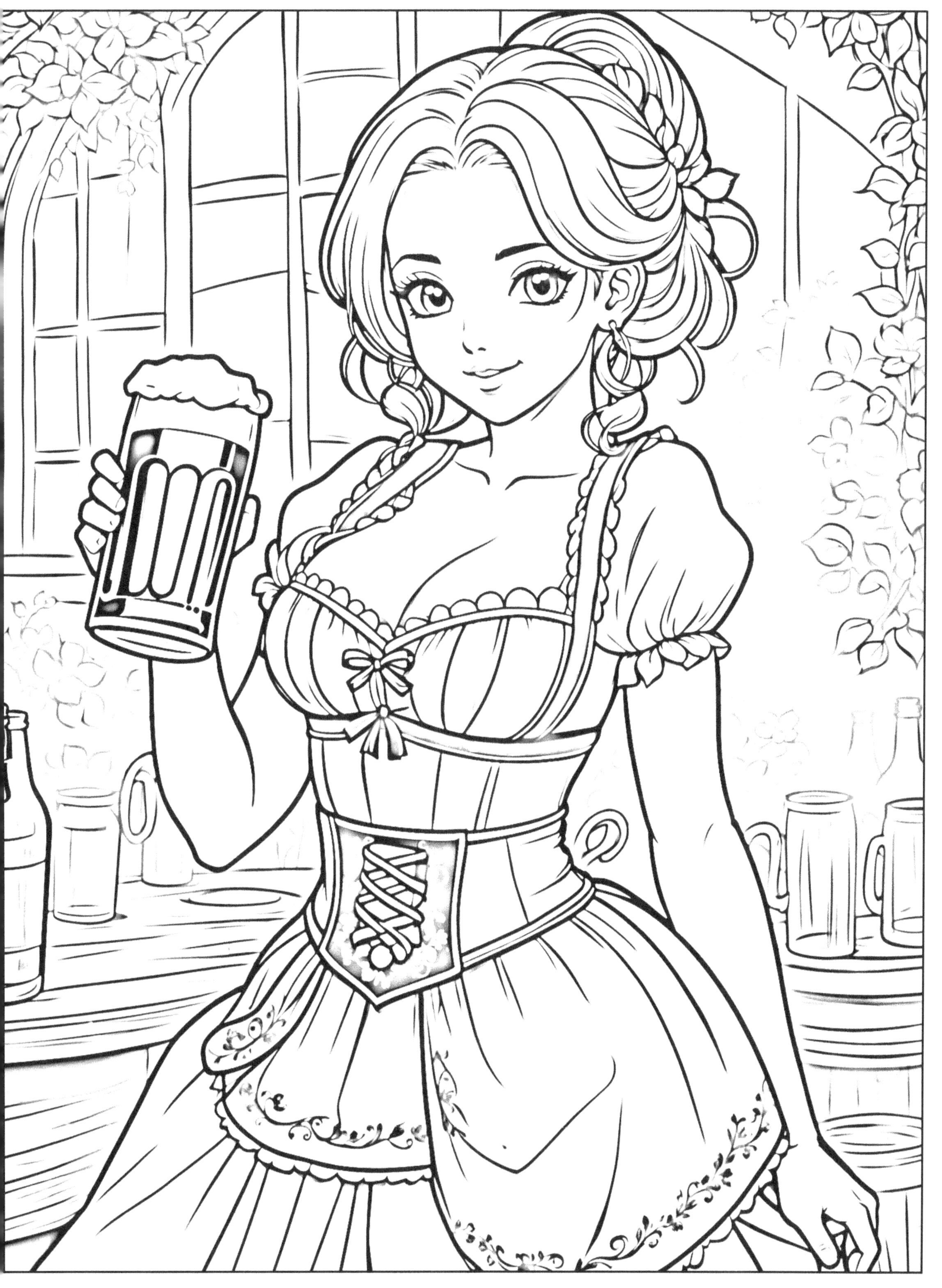

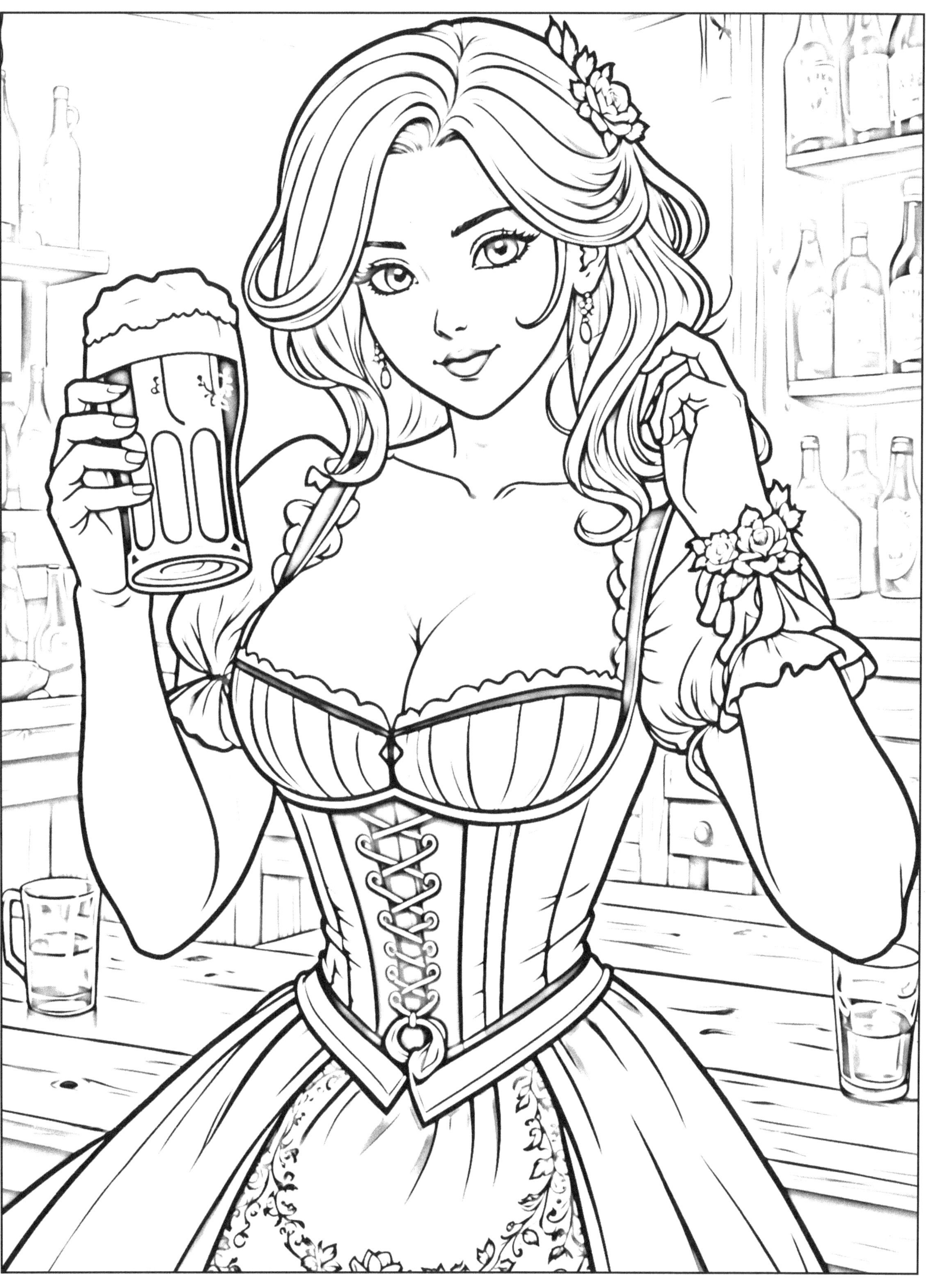

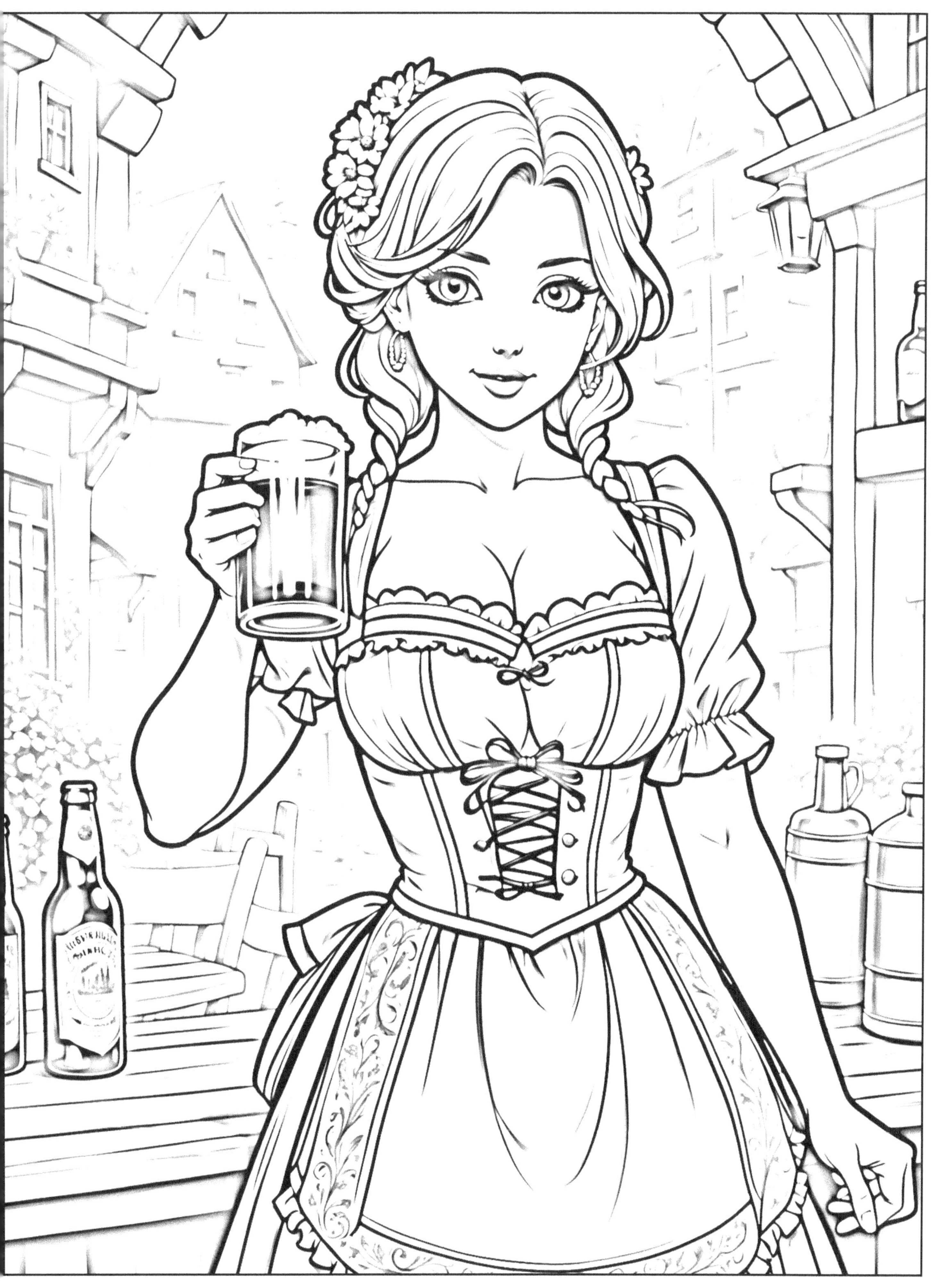

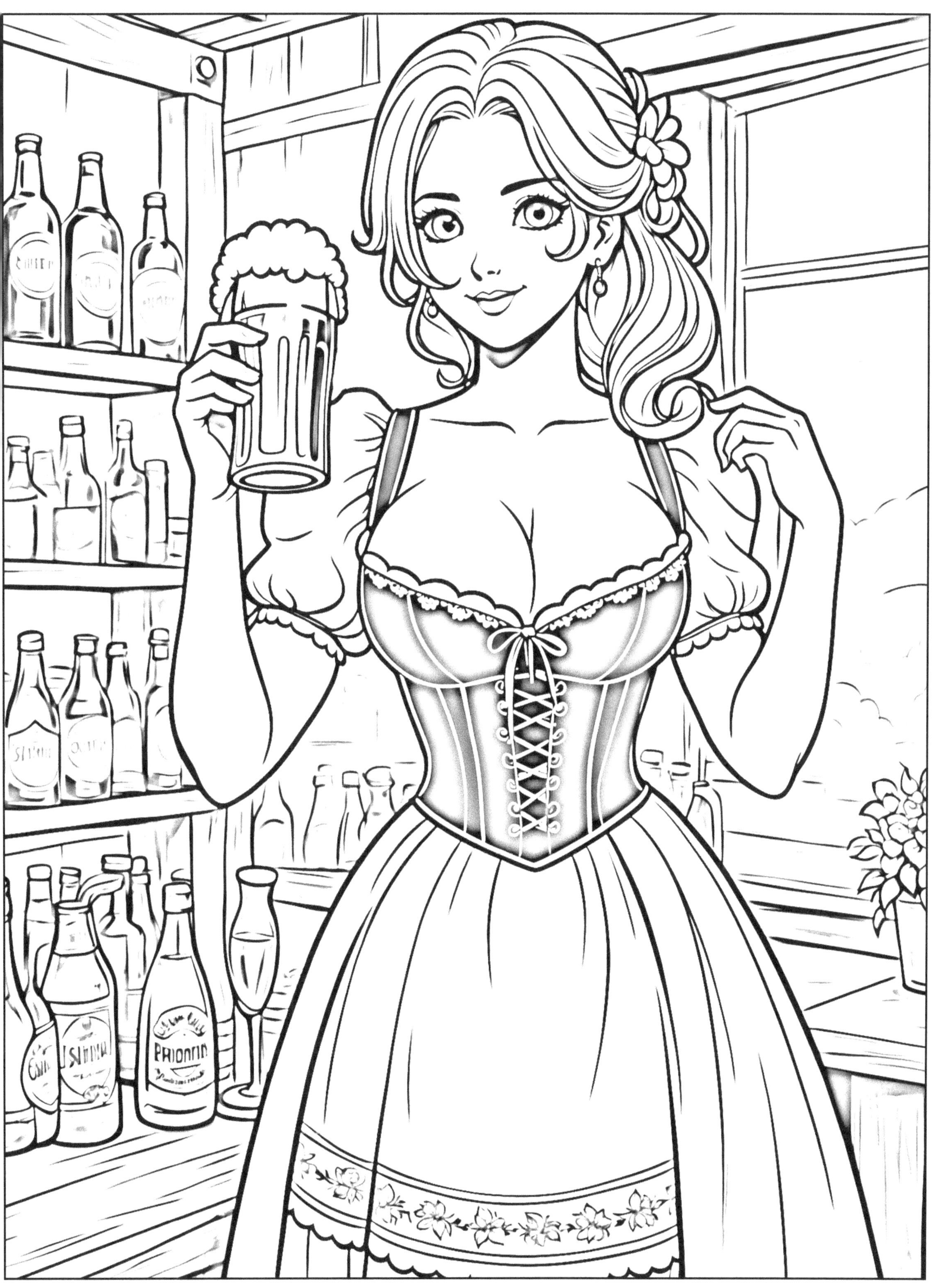

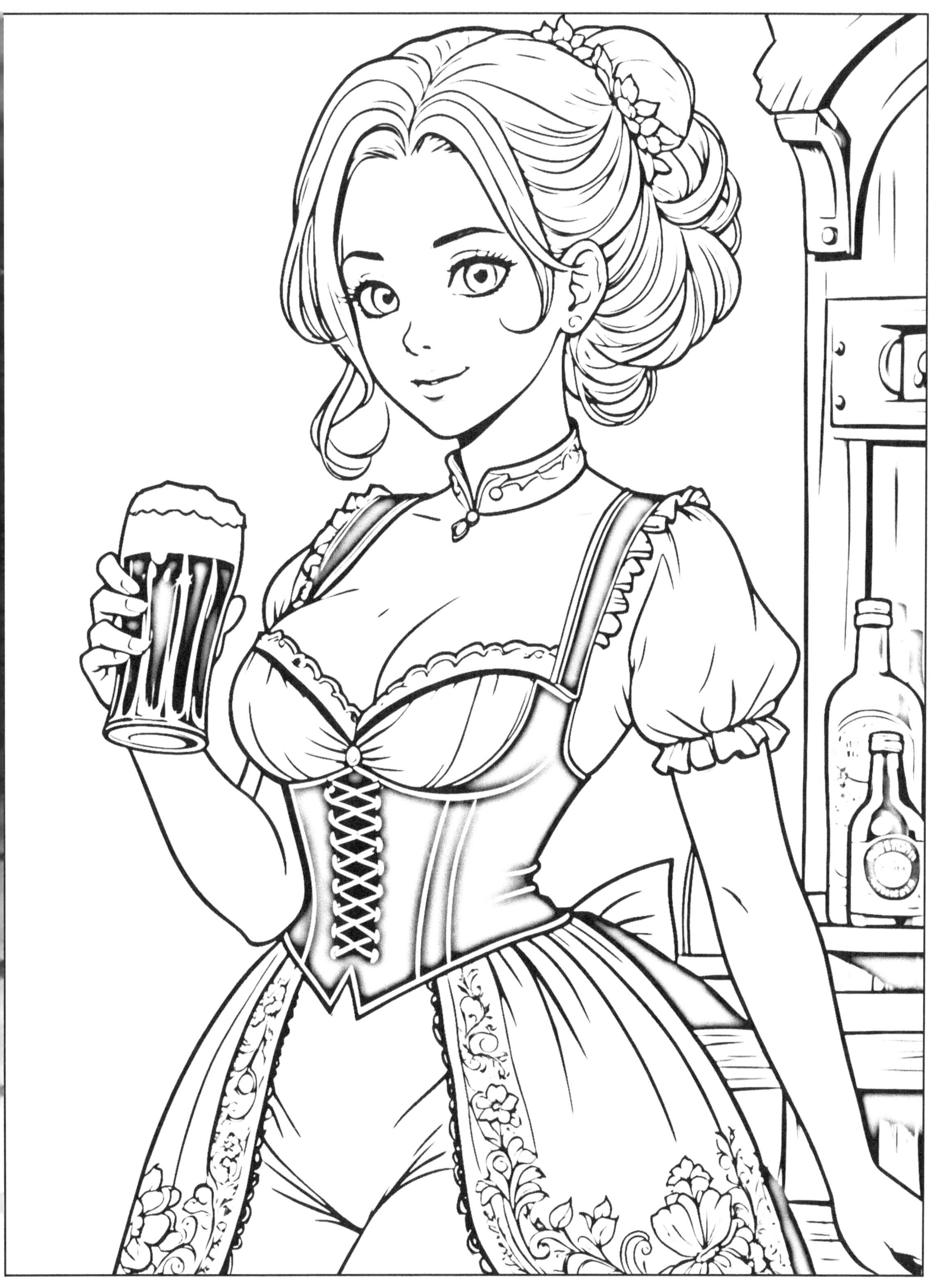

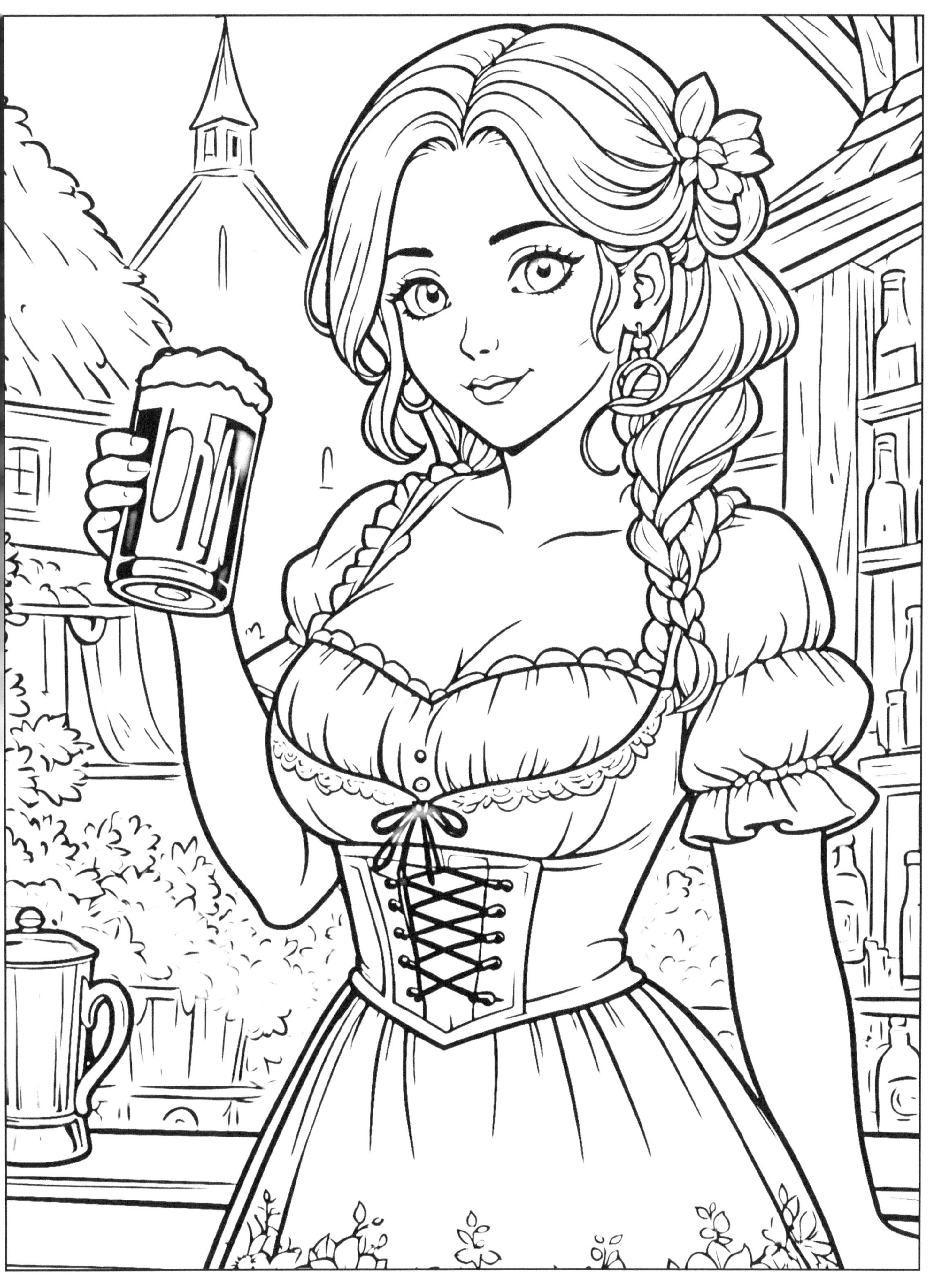

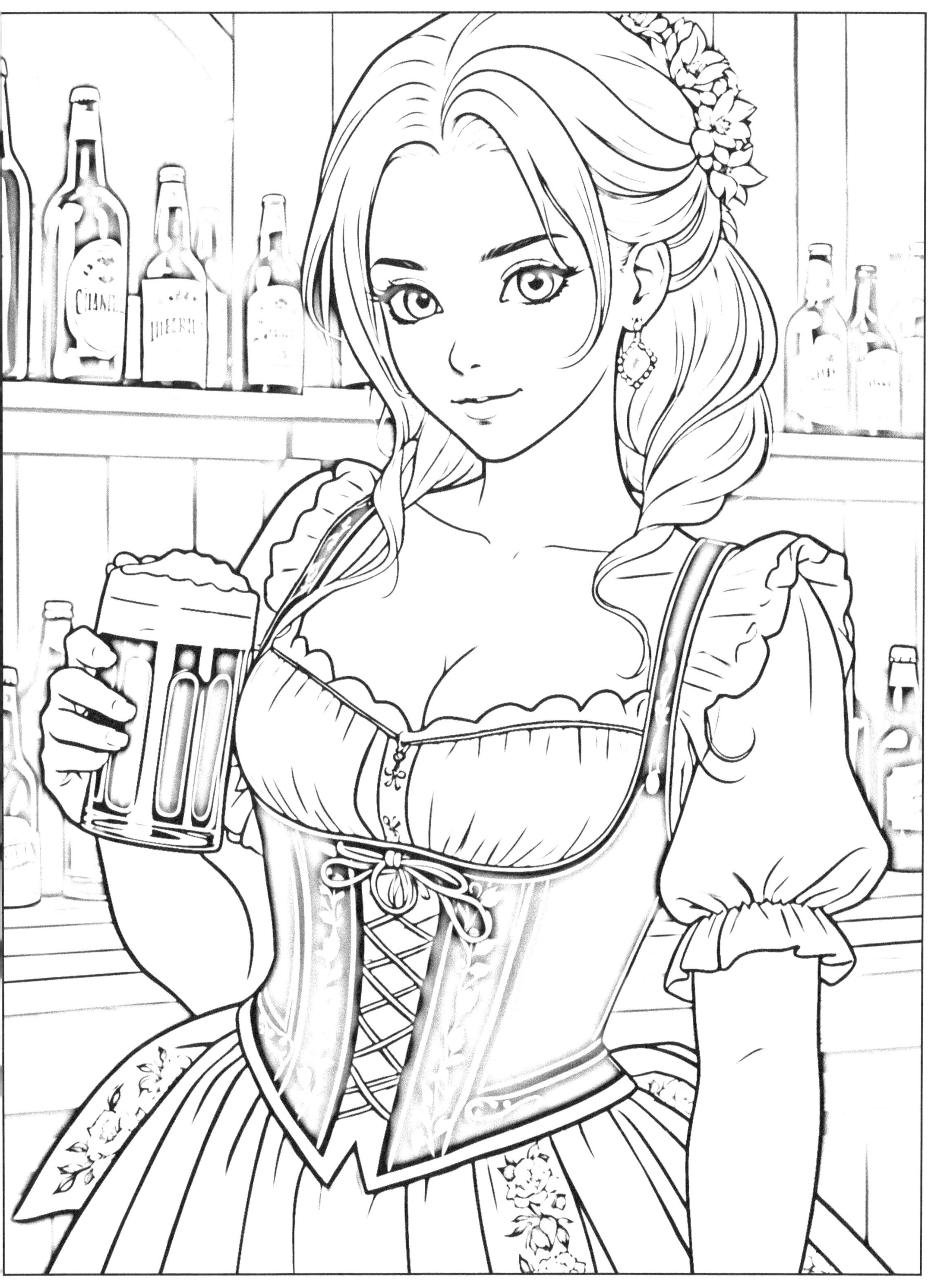

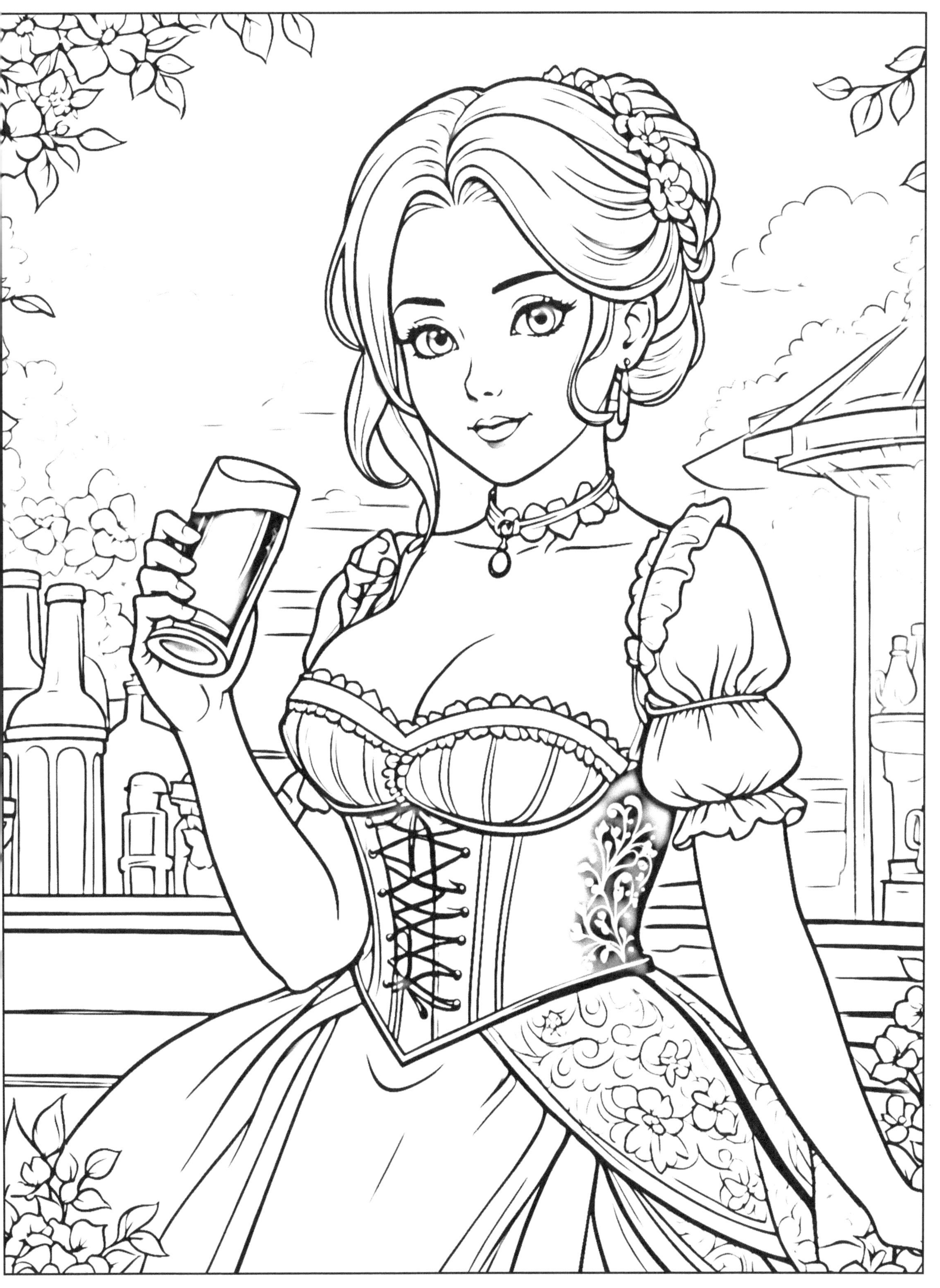

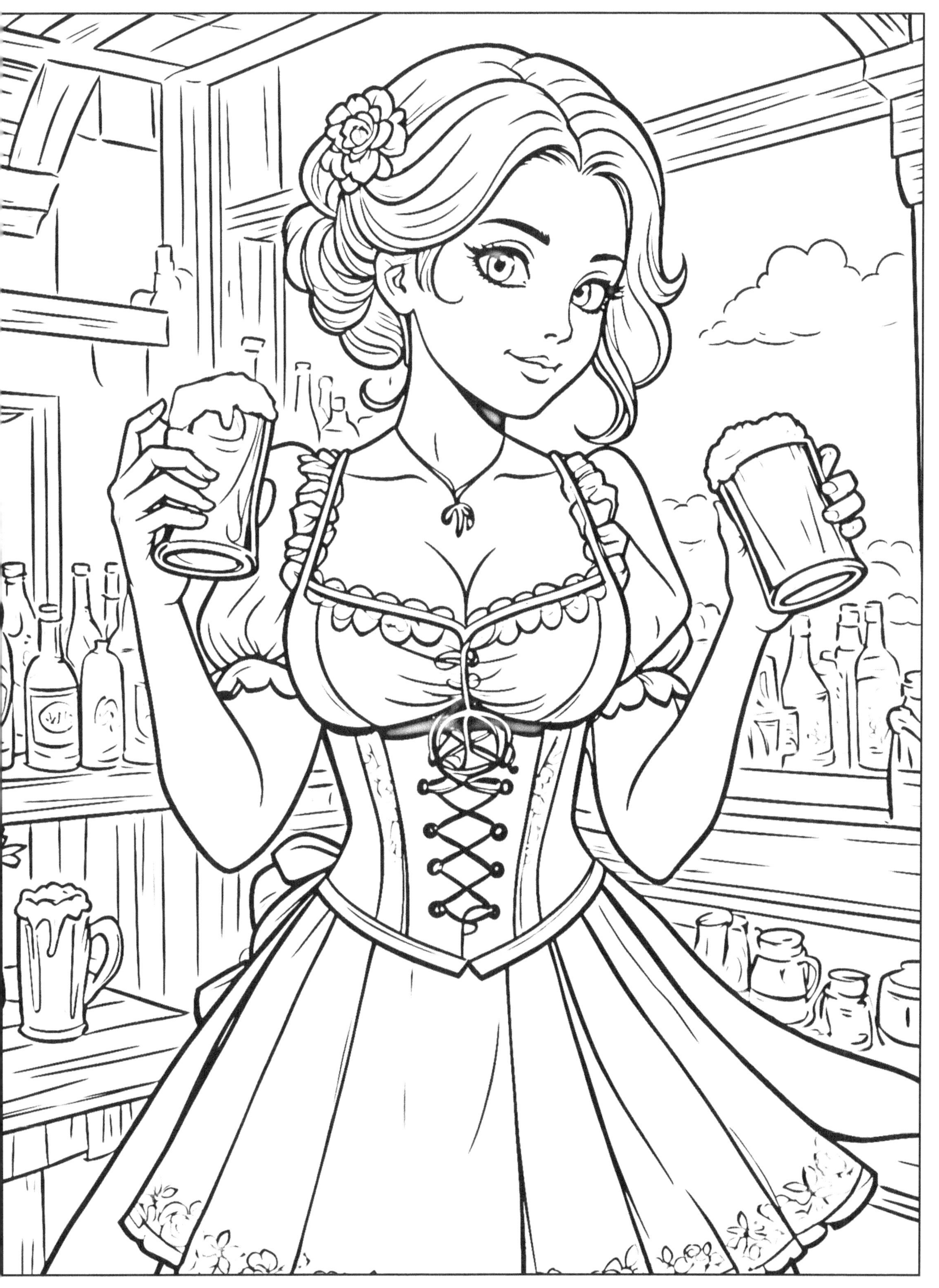

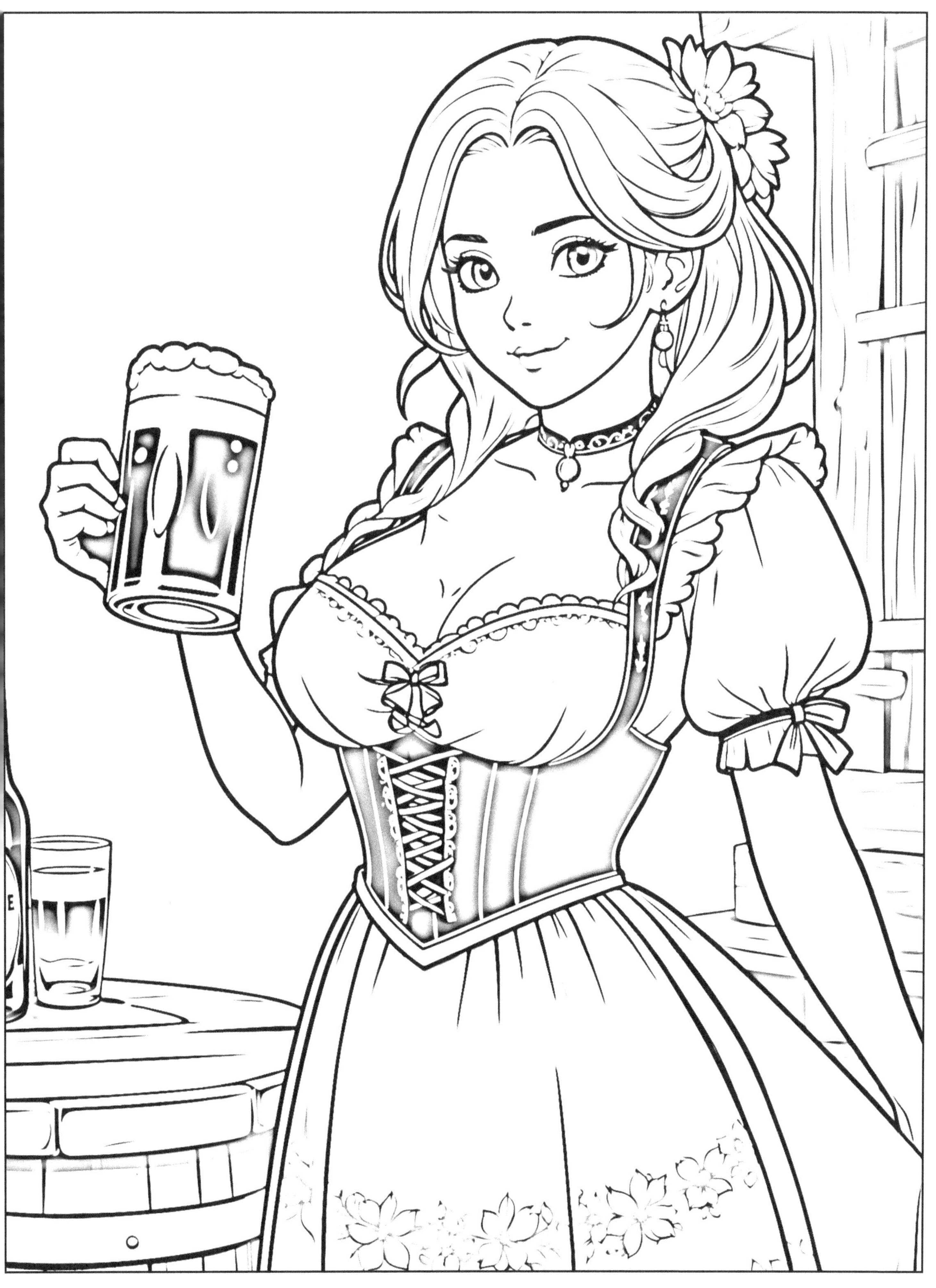

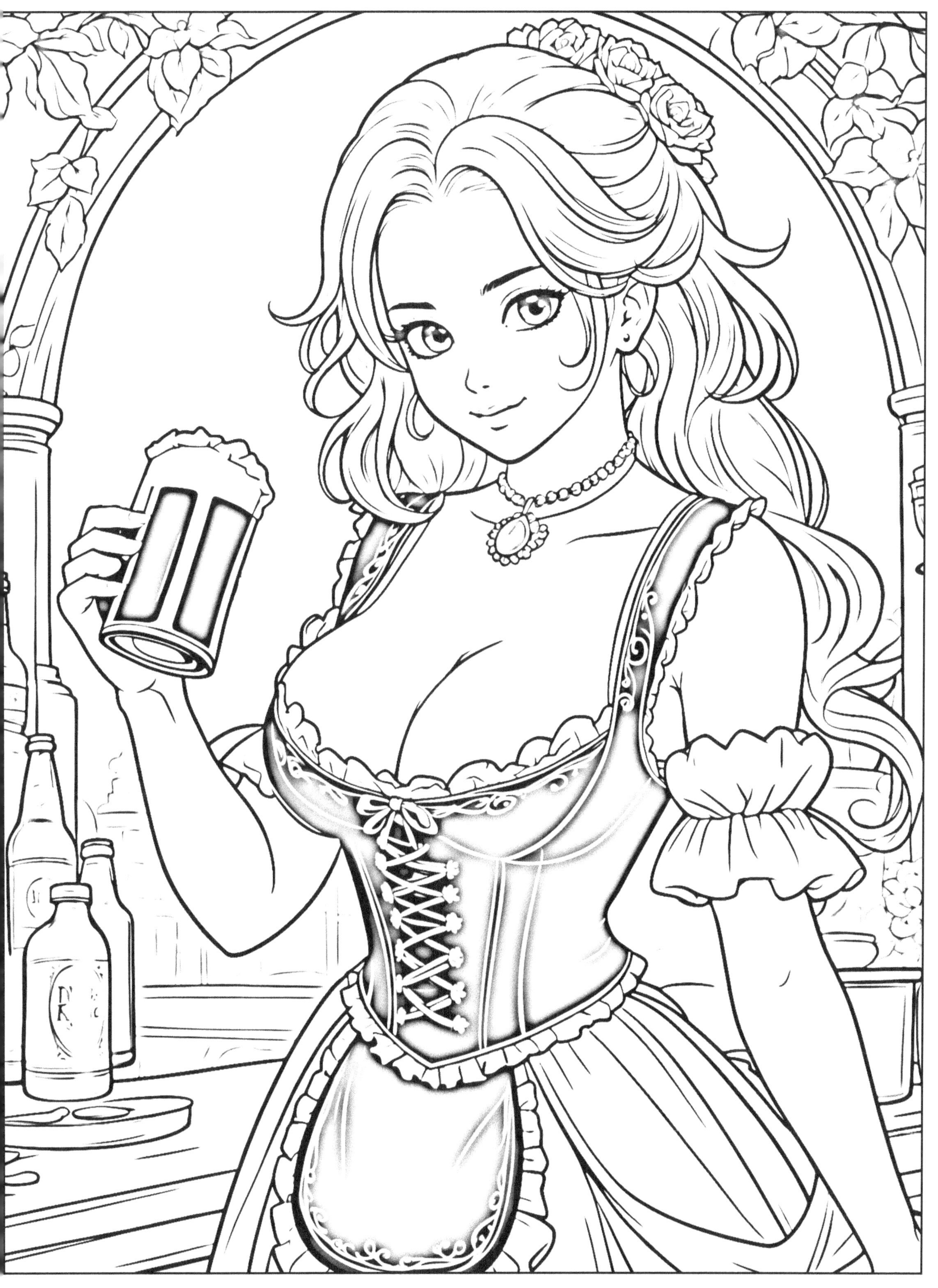

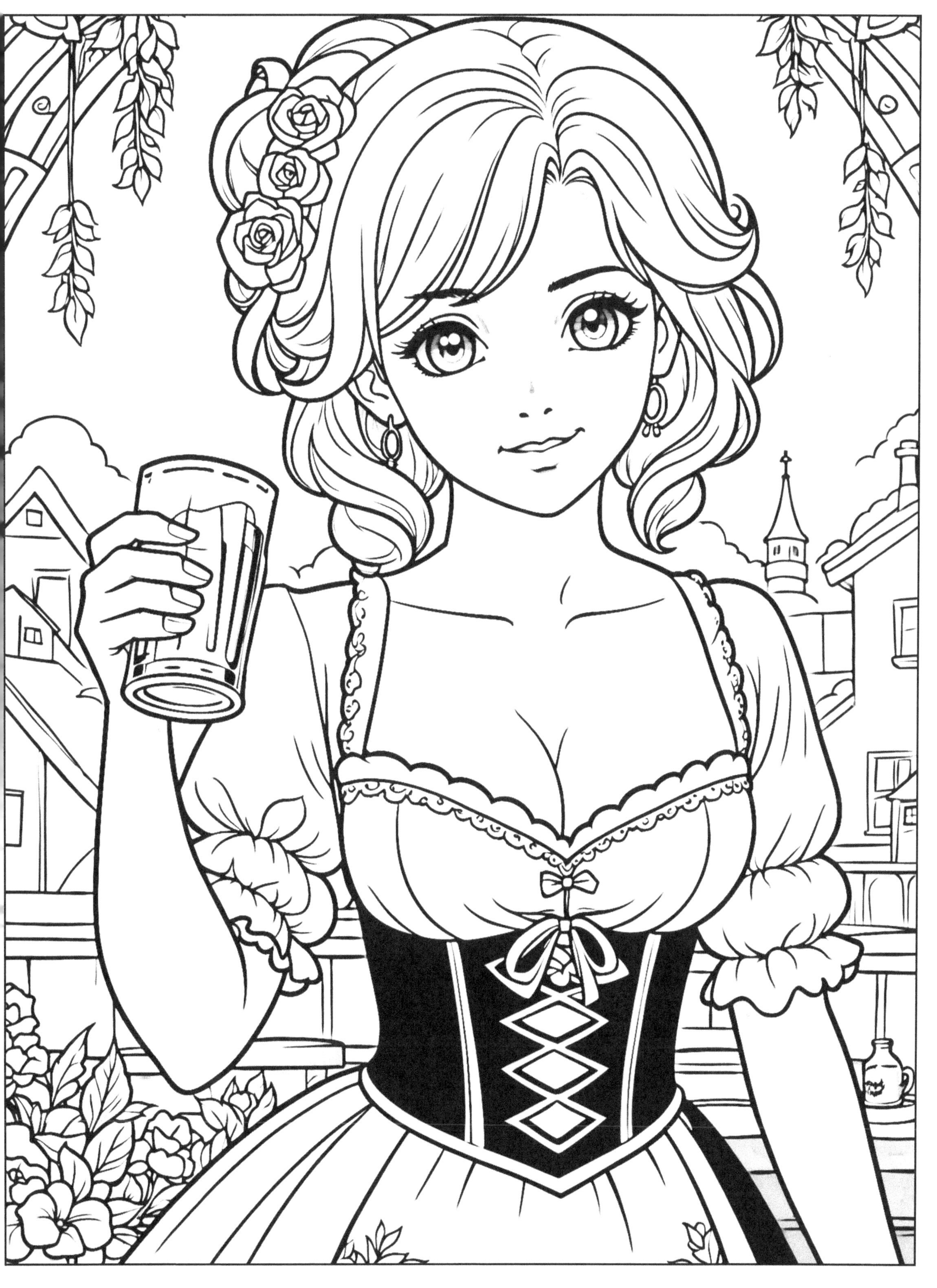

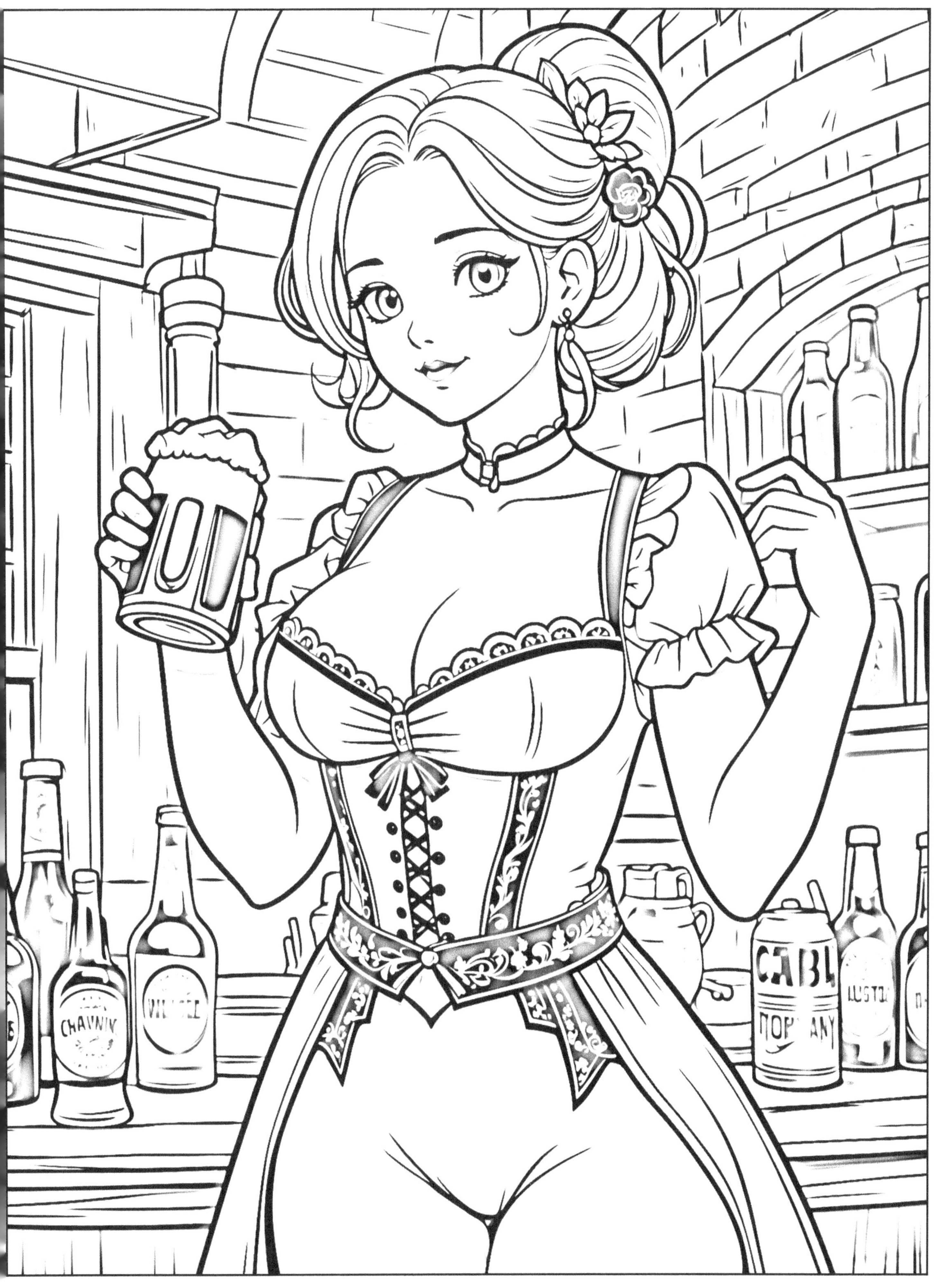